寻古中国

《寻古中国》节目组 编著

生活·讀書·新知 三联书店

© 2025 中央广播电视总台版权所有。
生活·读书·新知三联书店出版。
未经许可,不得抄袭、复制或以任何方式使用本书的任何部分。

部分图片来源:视觉中国

图书在版编目(CIP)数据

寻古中国 /《寻古中国》节目组编著. -- 北京:生活·读书·新知三联书店, 2025. 1. -- ISBN 978-7-108-07929-9

Ⅰ. K203

中国国家版本馆 CIP 数据核字第 2024GS3303 号

策划编辑	张　龙
特约编辑	艾绍强
责任编辑	王　伊
装帧设计	康　健
责任校对	陈　格
责任印制	卢　岳

出版发行　**生活·讀書·新知** 三联书店
　　　　　(北京市东城区美术馆东街 22 号 100010)

网　　址　www.sdxjpc.com
经　　销　新华书店
制　　作　北京印艺启航文化发展有限公司
印　　刷　北京启航东方印刷有限公司
版　　次　2025 年 1 月北京第 1 版
　　　　　2025 年 1 月北京第 1 次印刷
开　　本　787 毫米 × 1092 毫米　1/16　印张 16.5
字　　数　138 千字　图 231 幅
印　　数　00,001 – 10,000 册
定　　价　99.00 元

(印装查询:01064002715;邮购查询:01084010542)

《寻古中国》编辑委员会

出 品 人：慎海雄
总 监 制：梁建增
出 版 人：黄志坚

学术顾问：陈星灿　王　巍　赵　辉　张　驰
主　　编：贺亚莉
编　　委：陈万利　雷　莹　董　鑫　钟宝华　崔　娟

目 录
CONTENTS

是，以中国！　　001

玉石记

古玉之谜　　006
神玉寻踪　　013
玉耀古国　　020
玉琢华章　　027
广泽神州　　033

稻谷记

万年古稻　　040
驯化之旅　　046
田园家园　　052

| 稻丰古国 | 059 |
| 南北共飨 | 065 |

河洛记

天地之中	072
沃土之上	079
匠心独运	084
聚落成邑	092
兼收并蓄	099

寻夏记

夏都何在	110
夏迹寻踪	118
夏禾丰裕	128
华夏青铜	135
夏礼赓续	142

古蜀记

古蜀之源　　150
悠悠宝墩　　156
三星夺目　　164
璀璨金沙　　172
再续华彩　　180

云梦记

云梦迷踪　　190
惊世楚简　　205
探秘秦简　　207
楚脉千秋　　219

古滇记

古国寻踪　　232
走向融合　　236

是，以中国！

寻古问今，文物传情。中华大地积淀着人类文明旅程中最悠久和绵长的文明精华。1921年，仰韶遗址的惊艳现世，叩开了中华文明的寻根之路，将中国历史从夏商时期向前推进了至少2000年，一举打破了西方认为的"中国历史没有石器时代"的谬论，也标志着中国现代考古学的诞生。

一百年过去了。一代代中国考古人跋山涉水、风餐露宿，在地层中寻古探源，在故纸里钩沉索隐，与古人对话，和先贤交流。百年筚路蓝缕，都在为追寻一个共同问题的答案：我们是谁，我们从哪里来，我们的文明源起何处？

生为中华儿女，我们是幸运的。在这块广袤富饶、厚重丰美的土地上，我们的历代先人创造的伟大文明，至今绵延不绝。百年以来的现代考古，通过发掘出的无数默默无语的中华文物，无时无刻不在告诉世界：源远流长的中华文明是如此壮丽多彩、如此博大精深、如此奥秘无穷！

再辉煌的文化，一旦失去传承就必然衰败。从丰富的文化遗产中发掘出辉煌的中华民族精神，既是我们保护、传承文化遗产的意义所在，也是让文化遗产"活"起来的重要路径。如何传播好中华文化、传承好民族精神？"以古人之规矩，开自己之生面"，这对于思想文化宣传工作者而言，既是重大机遇，也是使命责任。

中央广播电视总台成立以来，我们从传统文化宝库中探骊得珠，持续打造精品力作，连续推出了《国家宝藏》《典籍里的中国》《中国考古大会》《非遗里的中国》《简牍探中华》《寻古中国》《文脉春秋》等一大批传承弘扬古典文化的精品节目。

文化关乎国本、国运。不忘本来，才能开辟未来。2023年6月2日，习近平总书记在文化传承发展座谈会上，再次突出强调了"第二个结合"，即把马克思主义基本原理同中华优秀传统文化相结合。总书记指出："如果没有中华五千年文明，哪里有什么中国特色？如果不是中国特色，哪有我们今天这么成功的中国特色社会主义道路？只有立足波澜壮阔的中华五千多年文明史，才能真正理解中国道路的历史必然、文化内涵与独特优势。"总台创作大型系列纪录片《寻古中国》，这是我们深入贯彻落实习近平总书记关于弘扬中华优秀传统文化系列重要讲话和指示精神的又一具体举措。首批推出《玉石记》《稻谷记》《河洛记》《寻夏记》《古蜀记》《云梦记》《古滇记》等7个系列，把视线从博物馆直接带到考古现场，真实生动记录"上穷碧落下黄泉"的考古探源过程和心路历程，深入具体揭示中华文明起源、形成、发展的路径及其突出特性。

《寻古中国》纪录片持续深化总台"思想+艺术+技术"的创作理念，充分运用XR+、自由视角、大场景3D扫描等新技术，带来大片级的视听盛宴。我们不满足于对文物古迹的展示，而是以独特的提炼和解读，力求实现凝结其间的深层思考。

《寻古中国》像侦探，把零珠片玉的历史线索，通过推理想象和数字建模，最大限度地还原为历史现场；又像翻译，把晦涩难懂的符号元素，以清新的文风和年轻时尚的方式表达出来，为观众道破玄机；同时还像一位哲人，引领今天的受众理解和感悟华夏古人的人生观、宇宙观，感知中华民族的精神内涵。这场别开生面的寻古之旅，带领观众放飞奔腾的想象力，跨越时空、触摸烟火，与华夏先人同喜怒、共哀乐，形成心灵的激荡。

《寻古中国》节目于2023年5月26日开播后，破圈传播，好评如潮。众多考古专家、历史学者认为，节目以最近的重要考古材料、最新的重要研究成果，真实描摹了古代中国的文化发展之路，生动再现了古代中国政治、经济、社会、文化的发展状况，带领观众"穿越"到遥远而又与我们自己有着千丝万缕联系的古代社会。网友们踊跃留言，表示看过节目对中国历史和中华文明有了新的认知，增强了文化自信、历史自信，增进了民族认同和国家认同。有传媒领域专家撰文指出，《寻古中国》"寻"的终点，在观众一声声"这就是中国"中抵达。

献给读者的《寻古中国》图书，是我在点题策划《寻古中国》节目期间与中国出版集团有限公司董事长黄志坚同志的一个约定，希望通过此书带动更多受众，尤其是青少年，增强传承发展中华文明的志气、骨气、底气。《寻古中国》一书在纪录片文本基础上，不是进行简单的文字重复，而是重构了叙事，充实了新内容，尤其是增加了一批文物高清图片，更具可读性、观赏性和收藏价值。在书中插入的二维码，可以让读者"纸下"视频，"码上"观影，带来立体式的阅读体验。随书赠送的"伴手礼"，也兼具文化感的创意。整个图书重大的主题、厚重的内容与年轻态的设计和表达，让中华文化和中华文明的传播焕发出时代的新彩。

文化是一个国家、一个民族的灵魂。党的十八大以来，以习近平同志为核心的党中央把文化建设提升到新的历史高度。党的二十大报告做出"推进文化自信自强，铸就社会主义文化新辉煌"的重大部署，提出"增强中华文明传播力影响力"的明确要求。党的二十届三中全会通过的《中共中央关于进一步全面深化改革、推进中国式现代化的决定》指出，中国式现代化是物质文明和精神文明相协调的现代化。"必须增强文化自信，发展社会主义先进文化，弘扬革命文化，传承中华优秀传统文化"。

重器凝万古之志，典籍汇千载之思。总台深入学习贯彻习近平文化思想，持续推出的中华传统文化节目，就是党的意识形态重镇和国家电视台对"何以中国"持续不断的回答，也是对"中华民族何以伟大""中华文明何以不朽"持续不断的回答。

依然记得在总台的一次活动上，17位博物馆馆长共同吟诵了一首题为《何以华夏 何以中国》的诗篇，其中就有这样的诗句："华夏是历史也是现在，中国是家邦更是信仰。是以华夏，是以中国，是以传承，是以辉煌。"我也希望以今天的我们，以一份份创意、一件件作品，永不停歇地追寻和讴歌我们先贤所创造的伟大文明！

涓滴汇海，必有所成。终有一日，一如我们凝视祖先的辉煌历史一样，我们能满怀自豪地说出："是，以中国！"

慎海雄
中宣部副部长
中央广播电视总台台长兼总编辑

玉本藏于天地之间，被先民以慧眼和爱美之心，从石头中发现和分离出来。从近万年前开始，作为山岳精华的玉，就带着远古的温度，承载着先民的记忆，拉开了中国玉文化的帷幕，更成为中国一万年文化史的重要见证。

玉石记

古玉之谜

玉玦、玉龙、玉琮、玉璧、玉人……东汉许慎所著《说文解字》这样解释："玉，石之美者。"

考古证据表明，远在上万年前，中华先民就已经发现了玉这种美丽的石头。在那个时候，玉还没有被赋予特殊的形状，也没有产生精良的雕刻工艺，但是，既有刚硬之力，又具细腻之美的玉，已经走进了远古先民的生活。

中华文明起源、形成与发展的每个历史时期，玉都留下了它神秘瑰丽的身姿。玉不只是现实之物，更成为一种精神象征，融入中国人的文化基因。

东北边陲黑龙江省双鸭山市饶河县境内，有一座状似鲸鱼、高不过百米的孤立小山，当地人称"小南山"。水清流缓的乌苏里江在其东侧穿流而过，日夜不息。20世纪70年代以来，小南山吸引着一批批考古人在此潜心探索。

当考古人揭开小南山上覆盖的厚厚树叶，在土石层中向下发掘仅约10厘米，就有了意外的发现。那是一个匕形坠饰，是小南山遗址发掘出土的第一件玉器。让他们没想到的是，随着发掘面积扩大，更多的玉器显现，有玉环、玉玦、玉管、玉珠，还有一些玉璧。经碳–14测年测定，这批玉器的诞生年代距今约9000年，是中国目前已知最早的一批玉器组合。

2015年至2019年间，考古队在小南山遗址共计发掘了1600平方米。除玉器外，在这些主要以石头堆砌而成的墓葬中，还出土了狩猎用的石质箭镞、矛头，以及罐状陶器。八九千年前，生活在平静的乌苏里江畔，小南山先民想必过着丰足、惬意的生活。水草丰茂、物产富饶的三江平原，不仅为

玉玦
小南山遗址出土

砂绳切割工艺

他们提供了适宜的生活环境，也孕育了他们对美的追求。

小南山遗址出土的玉器，质地温润细腻，造型浑圆饱满，一些玉器还保留着开料时砂绳切割的痕迹和打磨、钻孔的痕迹。最早的制玉技术有一个非常重要的代表性方法，就是用绳子和解玉砂相互配合，以柔克刚，把坚硬的玉料分解开。小南山遗址出土的众多玉器中，质量上乘的玉料多被制成了玉玦。玉玦的缺口，正是古代先民砂绳切割工艺的见证。

在中国古代典籍中找寻，不难发现"玦"的踪影。在晋代人杜预注释的《左传》中，就有这样的记载："玦，如环而缺，不连。"由此可见，玉玦是一种呈环形有缺口的玉器。

内蒙古草原上，一处距今约8000年的大型遗址，为我们揭开了玉玦的身世之谜。

位于赤峰市敖汉旗的兴隆洼遗址，坐落在一片东高西低的丘陵岗地上，总体地势高出周围地面约20米，不远处，一条河流蜿蜒环绕。从1983年春开始，考古人员在此进行了多次大规模发掘，在3万余平方米的范围内，共清理出房址180余座、居室墓葬30余座。遗址中出土了很多遗物，有陶器、石器、骨器，最主要的则是玉器。

在117号墓主人的双耳部位，各发现了一件玉玦，这是兴隆洼遗址第一次发现明确出自墓主人耳部的玉玦。随着发掘的深入，更多的玉玦出现在人们眼前。尤其是从135号墓出土的一对玉玦，直径约6厘米，玉质润洁、制作精美，是迄今发现的兴隆洼文化玉玦中最杰出的代表，被誉为"玉玦王"。

兴隆洼遗址出土的玉玦，多位于墓主人的耳部，最开始，考古研究者们称之为"玉耳环"。据调查，直到今天，中国一些地区还有佩戴玦形耳饰的习惯。

在七八千年前，用如此珍稀的玉料制作成的玉玦，用途难道仅仅是耳环这么简单吗？另外一处遗址的发现，为玉玦的身份增添了一抹神秘色彩。

距离兴隆洼遗址不远、处于同一历史时期的兴隆沟遗址第一地点，也出土了一对玉玦，其中一件却不在墓主人耳部，而是埋在了墓葬填土内，这令考古人员感到困惑不已。考古学家一度猜测，在填土里发现玉玦，可能是墓葬后来被扰动的结果。但更让他们困惑的是，通常成对出现的玉玦，另外一件却迟迟不见踪影。正当他们不甘心地准备接受这个"特例"时，令人大感意外的情况出现了——另一件玉玦竟然嵌在墓主人的右眼眶内。

考古队员在发掘现场得出结论：这对玉玦应是墓主人生前佩戴的"耳环"，可能墓主人右眼有疾，死后便将其中一件嵌入右眼眶内，另一件在下葬过程中埋入填土内。考古证据表明，将玉玦等特殊的玉器放在眼眶处，并非个案。比兴隆洼遗址晚两千多年的辽宁省朝阳市红山文化牛河梁遗址，一件泥塑女神头像的眼眶内，也被嵌入了圆形的绿色玉晶。在俄罗斯后贝加尔地区，一些史前的考古材料中，也发现有将小玉璧放在墓主人双目上的现象。由此可见，"以玉示目"是一种古老的习俗，在中国以兴隆洼文化为先，后来又延续到了红山文化。

中国社会科学院考古研究所研究员李新伟认为，玉文化从一开始就跟人的信仰有关，古人应该是觉得佩戴玉能够带给他们力量。

以兴隆洼遗址命名的兴隆洼文化，西起潮白河流域，东至下辽河一带，南抵渤海之滨，北界可达大兴安岭南缘。这一广大的西辽河流域，正是中国玉文化的重要起源地之一。

兴隆洼文化玉玦

石堆塑龙
查海遗址出土

　　辽宁阜新的查海遗址，也属于兴隆洼文化。令人称奇的是，在遗址的中心广场上，发掘出了一条用石块堆成的"巨龙"，长约20米，可分辨出头、身、尾和足。在巨龙周围的多座房址、墓葬和祭祀坑中，出土了玉凿、玉匕形器和玉玦。考古专家认为，这里应该是重要的祭祀场所，而玦等玉器，想必在祭祀仪式中扮演着重要角色。

　　在赤峰市巴林右旗洪格力图遗址的一座石棺墓内，也出土了7件兴隆洼文化玉玦，它们造型一致，从大到小排成一组，推断应为礼器。中国社会科学院考古研究所研究员刘国祥认为，在兴隆洼文化时期，玉玦的功能呈现出多样化特点。

　　辽宁省文物局专家组组长、中国考古学会常务理事郭大顺介绍，玉在东北史前文化出现的频率比较高，与渔猎人有很大关系。渔猎人完全依靠自然提供资源生存，所以他们对大自然的敬畏程度比农人还要高，他们十分希望通过玉器来沟通自然、沟通天地神灵。

对美玉十分尊崇的兴隆洼先民，也追求更为精湛的制玉工艺。查海遗址发掘出一件由石头制作的工具，一端呈圆形凸起状，明显是长期旋转摩擦形成，考古专家称之为"石质轴承"，说明七八千年前，兴隆洼文化可能已经存在依托于机械原理的制玉工艺。

这是一种古老的管钻技术，被称作"史前木石轮轴机械"。基本原理是"石质轴承"在最下端直立，作为旋转轴心，上面放置木块，托住玉料，玉料上放一根钻孔竹管，中间用木制轮盘对玉料加以固定。玉料随轮盘在"石质轴承"和钻孔竹管间快速旋转，配合石英砂灌入竹管和玉料的摩擦处，最终实现钻孔，不同直径的正圆就此出现。

仔细观察兴隆洼遗址出土的玉玦，会发现其中一件上面有几处呈红褐色。8000年前的兴隆洼远古先民，是从哪里获得的这种玉料？考古工作者们几经搜寻，最终在岫岩找到了和兴隆洼文化、红山文化远古先民用的完全一致的玉料。

古代典籍《尔雅》有云："山有穴为岫。"岫岩玉，指的就是出自深山岩穴的美玉，是中国四大名玉之一，因产于辽宁省鞍山市岫岩满族自治县而得名。

赤峰市巴林右旗境内的脑特盖遗址，坐落于西辽河的支流西拉木伦河上游北侧的高坡上，是一处最早可追溯到兴隆洼文化时期的大型遗址。在这里，同样出现了岫岩玉料制作而成的玉器。通过现代科技设备检测，从材料、风化和沁色等方面进行分析，考古学者进一步确定了脑特盖遗址玉器残片的玉料产地。这一发现给了考古工作者启示，他们意识到，先民可能是借助水路到辽东取玉的。

人类进入农业社会之前，狩猎和采集是主要的生产生活方式。无论旧石器时代，还是新石器时代，之所以用"石器"来命名，在于"石器"是当时人类必不可少的生产工具。用玉制作出来的工具，既有石头一样的硬度，又更具细腻质感与光泽，得到了有爱美之心的先民青睐，开始受到特殊对待。玉制品被打造成更多具有装饰功能的造型，逐渐脱离工具属性，完成向"玉器"的华丽转变。

古代玉料开采坑
辽宁岫岩

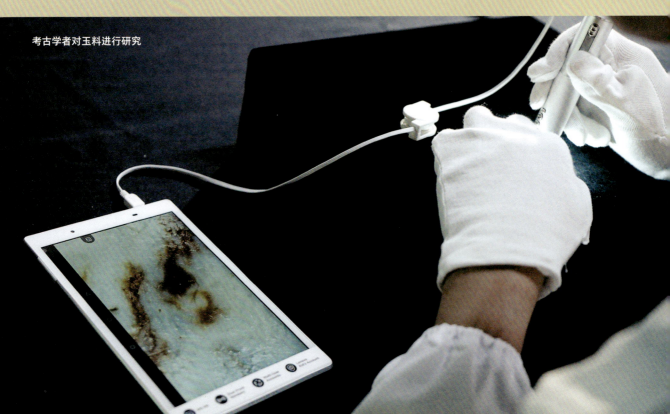

考古学者对玉料进行研究

在辽宁鞍山哈达碑镇玉石村的半山腰上，矗立着一块状似独立小山的巨石。这可不是一座普通石山，而是一块重量超过6万吨的岫岩玉料。它体形巨大，世间少有，被当地人冠以"玉石皇"的称号。

神玉寻踪

20世纪70年代，在内蒙古高原上，一件龙形玉器被意外发现，经考证，属于红山文化时期，被誉为"中华第一玉龙"。

红山文化因首次在赤峰的红山发现而得名，它证实了西辽河流域同长江、黄河流域一样，在5000多年前就已出现中华文明的曙光。红山文化相关遗址，主要分布于内蒙古东南部和辽宁西部，在赤峰市境内尤为密集。

红山文化"中华第一玉龙"现世的传奇始于1971年8月的一天。这天，在赤峰市翁牛特旗赛沁塔拉村，村民张凤祥来到村边的坡地上挖树坑。忽然间，他碰到了一块坚硬的石板。张凤祥用铁锹把这块石板挖了出来，发现下面埋着一块"废铁"样的东西。收工后，张凤祥把这块"废铁"拿回了家。有一天，他七岁的弟弟张凤良发现了这块"废铁"，用绳子绑起来，拖在地上玩耍，"废铁"表层的锈迹，在阵阵摩擦和撞击中逐渐脱落，显现出了"龙"的真容。这件玉龙被交到了翁牛特旗的文化馆。

考古学界普遍认为，在商周时期，人们心中"龙"的形象已经基本确立，并且有了不同的变体。翁牛特旗发现的这件玉龙，基本造型与此前河南安阳商代妇好墓出土的玉龙接近，不过表现出了更为原始的特点，于是学界将它命名为"C形碧玉龙"。

C形碧玉龙的发现地"翁牛特"一名源自蒙古语，意为"神圣的山"。在石板下沉睡了不知道多少年的玉龙，被"凤"字辈的张姓兄弟俩发现，以充满戏剧性的方式重现世间，更为这片土地增添了几分神奇色彩。

C形碧玉龙
赤峰市翁牛特旗赛沁塔拉村村民采集
这件玉龙通体墨绿色，呈现出岫岩玉料的特征。高26厘米，周身光洁，完整无缺，整体蜷曲呈C字形。吻部前伸，略向上弯曲，嘴紧闭，有对称的双鼻孔，双眼凸起呈菱形，鬣鬃飞扬除了C形碧玉龙，在翁牛特旗东拐棒沟遗址，当地人还采集到了C形黄玉龙。因为这两条玉龙并非考古发掘出土，它们是否属于红山文化时期，考古学界曾有质疑。后来，考古工作者对两处遗址联合进行了调查，从采集到的陶钵残片判断，两处遗址均属于红山文化时期，由此可以断定C形碧玉龙和C形黄玉龙都属于红山文化时期，距今已经有五六千年。

1984年，在辽宁省朝阳市建平县和凌源市交界地带的牛河梁遗址，考古人员发掘出土了一对玉器。只见它们头部呈猪首状，肥厚的双耳高高耸起，形成两个三角形，双眼圆睁，嘴巴微张，嘴唇向外凸起，身体弯曲成圆形，恰如龙的身躯，这便是玉猪龙。

考古学家认为，在红山文化时期，西辽河流域进入了以农耕为主的初级

玉猪龙
牛河梁第二地点一号冢四号墓出土

文明社会，红山先民形成了原始朴素的崇拜观念，并希望能够与自然界的天地万物沟通，获得启示。以猪为原型雕琢出的玉龙，应该承担着求雨和祈求丰收的功能。

在那一时期，中华先民认为风雨雷电、自然万物均有神灵。伫立于神秘莫测的天地自然之中，人显得如此渺小。而随着社会演变，他们开始尝试按照自己的理解与天地万物沟通。红山先民对玉器的认识中，很重要的就是通神。在红山先民与天地沟通的仪式中，往往需要借助相应器物来表达敬意，脱胎于山川的美玉，成为这种对话的媒介。玉作为献给神的东西，也就是"礼器"了。

东汉许慎《说文解字》道："礼，履也，所以事神致福也。"古人借玉与天地万物沟通，使之为自己造福，可以看作原始的"礼"。在甲骨文和早期金文中，"礼"写作"豊"，下半部为古代的盛器"豆"，上半部是两个"玉"字的变体，本义指的就是用玉行"礼"，祭神求福。

可能是为了让"神"看玉的时候看得更清楚，五六千年前，红山先民在不断实践中，逐步掌握了一种特别的推磨工艺——减地阳纹。这种工艺是在玉料的平面或弧面上，徒手反复磨削出微微高于平面的细线，为了使推起的棱线更加突出，还会在棱线两侧进行打磨，最终呈现出光线照射下起伏变化的、凸起的阳纹。

被红山先民赋予崇拜含义的形象，不只有猪和龙，还有自然界的其他一些生灵。

1981年，全国第二次文物普查拉开帷幕。在赤峰市巴林右旗文化馆工作的青格勒，来到那日斯台村牧民布和朝鲁家里走访，意外有了重大收获。

布和朝鲁的妻子哈斯胡回忆，1969年春天，还是个孩子的布和朝鲁出门放牛，不经意间，在一处坡地上捡到一件玉器。他连忙赶回家，取来工具，在捡到玉器的那片地上挖了起来，不一会儿工夫，又挖到了更多。布和朝鲁将这些玉器捧回家，交给了父亲。这一家善良的村民，将这些玉器妥善保管起来，从未轻易示人，直到十多年后青格勒的到来。

从布和朝鲁家征集上来的是一批珍贵的红山文化玉器，有勾云形器、玉鸟、玉蚕（也有专家认为是玉蝉）。面对这些精美的玉器，我们仿佛能感受到红山先民对万物所投注的情感，他们细致入微地观察，将玉雕琢成这些生灵的形象，赋予它们特殊的敬意与尊崇。

20世纪70年代以来，红山玉器已出土300余件，其中很多都被认为是礼器。

牛河梁遗址群是红山文化鼎盛时期的重要遗存，在50多平方千米的范围内，考古研究者们发掘出了女神庙、大型祭坛、积石冢群、重要墓葬等多处遗址点，还出土了大量玉器。

牛河梁主梁顶部，是遗址群的第一地点，位置最高。在这处遗址内，考古队员发掘出了一个完整的泥塑女性头像，通高约22厘米，宽约21厘米，表情传神、形象逼真，在头像的眼窝内，还镶嵌有两片玉晶，"以玉示目"的用意不言而喻。这处遗址因此得名"女神庙"。

在女神庙遗址，考古人员还发掘出陶制祭器、三倍真人耳朵大小的泥塑耳朵残块、泥塑熊下颌残块、泥塑鹰翅残块等。这些器物都证明这里是一处供奉与祭祀的场所。

"女神庙"正南约1千米处，是牛河梁遗址群的第二地点。在东西长130

泥塑女神头像
牛河梁第一地点出土

米、南北宽45米的范围内，三层阶梯状的圆形祭坛位于中央，东、西、北三面被石头堆砌的墓葬群包裹。考古队在这里清理出50座红山文化墓葬，共出土各类型玉器98件，占整个牛河梁遗址出土玉器的二分之一还多。

在牛河梁遗址群的第十六地点，发现了一座迄今为止规模最大的红山文化墓葬。这座大墓由一层层石头垒出石棺的形状；墓主人呈平躺姿势，头枕玉凤，胸部放着一个斜口筒形器，右手腕佩戴玉镯，腰部配有一个玉人、一对玉环。这些随葬玉器无不透露着祭祀的功能。被安放在墓主人腰部的玉人高18.6厘米，呈淡黄绿色，头部略大，双眼微闭呈弧线形，腹部外凸，双臂回收贴在胸前，双手指尖向上，呈现出祈祷的姿态。墓主人胸前的斜口筒形器，更被视作沟通天地的典型器物。

种种考古证据表明，玉在红山先民的祭祀活动中担当极为重要的角色。而牛河梁遗址展现出的"坛、庙、冢"空间布局，绝非单一部落之力可以完成，这里应是多个部落群体共同建造和使用的祭祀圣地。

玉人
牛河梁第十六地点四号墓出土

玉耀古国

位于浙江省杭州市余杭区瓶窑镇的良渚古城遗址，处在浙西山地丘陵与杭嘉湖平原接壤地带，以山为屏，临水而建。在这里孕育的良渚文化，由考古学家施昕更于1936年首次发现。良渚文化最早距今约5300年，相关遗址广泛分布于钱塘江流域和长江下游环太湖流域，典型代表器物是黑陶和玉器。1973年，在江苏吴县（今苏州吴中区）草鞋山遗址的一处良渚文化墓葬中，出土了玉琮、玉璧。这么重要的玉礼器，出现在新石器时代，而且出现在原来被认为比较落后的"蛮夷之地"，一时间震撼了考古界。

在中国传统文化中，方表地、圆表天，良渚玉琮方圆兼具，为贯通天地的巧妙象征。《周礼》记载"以苍璧礼天，以黄琮礼地"。可见，玉琮是古人用于祭祀的重要礼器。此前，玉琮一直被认为是周代或者汉代的产物，草鞋山遗址玉琮的发现，刷新了人们的认知，也给考古人员带来了启发。考古人员发现，凡是出土良渚玉器比较丰富的地方，都在山和墩上面。对这些用土人工堆筑起来的山或墩，考古界有一个形象的称呼——"土筑金字塔"。这些山包下面，都发现了良渚文化时期的遗存。

1985年冬天，一座被当地人称为"反山"的小山包，引起了良渚遗址考古队的注意。当地一个乡村企业要在反山建立一个制动材料厂，动工前，良渚遗址考古队的负责人王明达紧急带人到现场查看，马上发现了异常。在反山的西侧，有一个取土的断面，一看断面，考古人员就笃定，在具有"土筑金字塔"特征的反山会有良渚文化的重大发现。

1986年5月8日，反山考古发掘正式动工。然而，20多天过去了，除了发现11座汉代墓葬外，一丁点儿良渚时期文物的影子都没见着。

5月31日，下午3点多，乌云翻滚，雷声隆隆，眼看就要下雨。这时，正在发掘的12号墓葬坑内，一名考古队员从1米多深的探方中爬出来，手里捧着火柴盒大小、红白相间的一块泥，递给了考古队负责人王明达。

王明达一看，就从1.6米高的隔梁上跳进了探方，然后迅速趴到1米深的坑里头，队员递给他一把平头铲。王明达一看是铁工具，往边上一甩，从挑土的土箕上折了一段竹片，轻轻地拨开土层。红色、白色的痕迹不断扩大，慢慢地已经有半个手掌大了……发掘出土的器物，正是一件嵌玉漆杯。就这样，浙江省内的第一座良渚大墓终于显现。反山12号墓一共出土玉器647件，包括6件玉琮，以及玉钺、冠状玉器和三叉形玉器等。

在反山，考古队共发掘出9座良渚大墓，12号墓是其中规模最大、等级最高的一座。出土的6件玉琮中，有一件因体型巨大而被誉为"玉琮王"。只见玉琮王的4个立面竖槽内，都雕刻有神人兽面纹。上部为头戴羽冠的人像，圆眼宽鼻，一张大口气势十足；中部为兽面，双目圆睁，獠牙外露；下部为爪状兽足，爪甲尖利，透露出咄咄逼人的威严气势。

雕刻兽面纹，是良渚玉琮的一大特色。横空出世的玉琮王，首次将带有兽面纹的完整神徽形象呈现在了人们眼前。

玉琮王所体现出的雕刻工艺，令人匪夷所思。神徽图案，实际宽度不足4厘米，高仅3厘米，最细密处，竟在1毫米间距内刻下五六道纹路。浙江大学艺术与考古学院教授刘斌介绍，这种纹路应该是用很硬的黑色燧石刻出来的。神徽面部，大小两个圆圈组成一双炯炯有神、向外凸出的大眼睛，凝视前方，格外醒目。这双大眼睛，正是良渚先民管钻技术的体现，他们选用不同直径大小的竹筒，配合解玉砂，采取钻而不透的方式，在玉器表面钻刻出印痕。比如，眼圈是采用1.5毫米直径的管钻制作，里面又各套了一个只有1毫米直径的小瞳仁。

从反山王陵发掘开始，此后几十年间，良渚遗址的重大考古成果频出。最终呈现在世人眼前的，是约30万平方米的宫城、300万平方米的内城、630万平方米的外城，10余座高、低水坝纵横其中，规模之宏大前所未见。

良渚古城遗址揭示出距今5000多年前，这里已经进入了具有早期国家

玉琮王
反山12号墓出土
反山12号墓出土玉琮王,通高8.9厘米,孔外径5厘米,重达6.5公斤,体量硕大。器形呈扁矮的方柱体,轮廓硬朗,内圆外方,中孔贯穿,通体精美华丽

特征的"古国"时代。他们以稻作农业为支撑,过着饭稻羹鱼的生活;他们有了复杂的社会分工,有人修城筑坝,有人制造玉器。这个古国权力和信仰的集中载体,就是玉器。而良渚先民留下的玉器当中,还有一件杰作,那就是玉钺。

良渚古城遗址的玉钺王,同样出自反山12号墓。上下端有钺瑁、钺镦加持,钺瑁与神徽的冠帽形状相同。钺的刃部上角有神徽浮雕,刃部下角有神鸟浮雕。威严的气息隐约袭来,似乎非常人所能驾驭。

良渚人所创造的玉钺组件,形状与甲骨文、金文中的"王"字十分类似。汉字的"王"字,便是由钺象形演化而来。玉钺多出现在高等级墓葬中,而且无使用痕迹。这种组合式的玉钺,形似权杖,彰显着主人的威仪风范。《史记》记载"汤自把钺以伐昆吾,遂伐桀";《尚书·牧誓》中也有周武王"左杖黄钺,右秉白旄以麾"的描述;成书于东汉时期的《越绝书》,甚至有"黄帝之时,以玉为兵"的记载。其实玉的硬度和质地并不能达到制作兵器的标准,"以玉为兵"是用玉象征军权,是一种礼仪性的呈现。《越绝书》便有类似的记载,"夫玉亦神物也,又遇圣主使然",大意是说被视作神物的玉,又被黄帝这样的神圣之人使用,更加展现统率力。

以玉琮、玉璧、玉钺等为核心,良渚人在遥远的古国时代,创造了继红山文化之后中华文明史上又一个玉文化高峰。

距今4300年左右，良渚古城的繁华景象逐渐退去，具体原因尚待考证。但以玉琮为代表的良渚玉文化，却在不断向外辐射的过程中，得到了延续。

从浙江良渚到四川三星堆，两个文明中间不仅隔着1000多年的历史，还隔着1800多千米的距离。2021年，一件神树纹玉琮在三星堆祭祀坑中出土。古蜀先民将他们极具代表性的神树形象，刻在了良渚人首创的玉琮这一器型中。

就这样，分别位于长江下游和上游的两个文明，在玉文化的传承和创新中，完成了一次跨时空的握手。不只长江上游的三星堆，在黄河流域的两个古城遗址中，也闪现着良渚玉琮的影子。

玉钺王
反山12号墓出土

在众多良渚文化遗址的发掘中，大型墓葬的出土玉器种类丰富、质地上乘；小型墓葬的出土玉器则少而单一，显得朴素许多。三叉形器、冠状器和锥形器等玉器，只有良渚古国的权贵可以使用。玉管、玉圆牌饰和玉珠等玉器，则需要相互组合、搭配或镶嵌，作为贵族阶层的装饰之物随身佩戴。

在山西省临汾市襄汾县境内，汾河以东、塔儿山西麓，占地约280万平方米的陶寺遗址坐落其间。40多年来，考古人员在这里陆续发掘出规划有序的城址、气势恢宏的宫殿、目前已知最早的观象台、千余座墓葬、手工业区等，一个早期国家都城的盛大图景徐徐铺展在世人面前。

距今约4300年至3900年，陶寺先民在这里创造了灿烂文明，但他们对玉器的使用则显得务实了些。比如这里出现的玉琮，与良渚玉琮相比，看上去更加简洁纯朴，少有纹饰。多数都是套在胳膊上、手腕上，和玉镯、玉环好像是同等功能，保留着琮的特征，但是在使用功能上已经不像从前那样居于高高在上的地位。

除玉琮外，陶寺遗址也出土有玉钺，但特别之处在于，钺体上钻有多个小孔，因此被称作"多孔玉钺"。中国社会科学院考古所研究员高江涛推测，这些孔是用来挂类似于璎珞的装饰物的，这样会增强玉钺的仪式感。

陶寺文化玉器既汇聚四方特色，又展示出新的风格，也饱含着华丽庄重的隐喻，成为陶寺遗址礼制社会的缩影，生动地展现出玉文化海纳百川、兼收并蓄的内涵。

跨越晋陕大峡谷，在与陶寺遗址南北相望的陕西省榆林市神木县，有一处用石头建造起来的巨大城址，名曰"石峁"。石峁遗址总面积约425万平方米，由皇城台、内城和外城三部分构成，城墙体系完整，蜿蜒的两道城墙加起来长达10千米。在发掘过程中，考古人员发现了一种奇怪的现象：大量片状玉器被草拌泥裹护着，砌到了石墙中。

石峁遗址考古研究专家、陕西省文物局副局长孙周勇介绍，石峁的很大一部分玉器是被砌筑或者有意地藏匿于石构的墙体里，玉钺、玉铲、玉刀尤其多见。这种"藏玉于墙"的现象，不禁让人联想到中国古代神话故事中"瑶台玉门"的传说。相传"瑶台"是神仙居所，而"玉门"则是神仙进出的大门，都是用美玉建造而成的。所谓的瑶台玉门、琼楼玉宇，显然是现实世界里无法实现的。石峁遗址的建筑，也不是由玉制成的，但玉器在城址中所扮演的角色，却在某种程度上成为神话世界的具象化体现。"藏玉于墙"，充分反映出石峁人对片状玉器的钟爱和需求。为了获得更多的片状玉器，他们不惜对来自四面八方的玉器进行二次加工。石峁遗址考古队的副队长邵晶

玉琮
陶寺遗址出土

玉神面
陶寺遗址出土

这件玉器宽6.5厘米,高3.5厘米,厚仅3毫米。只见它整体扁平、呈倒三角形,头顶有冠、双眼镂空、神态安详,被称作"玉神面"或"玉兽面"。它是一件玉礼器,同时应该也是一件重要的佩饰

在发掘过程中发现，一件外方内圆的玉琮，竟然被纵向切成了薄片。

从层层拱围、固若金汤的城门设施不难看出，石峁人的防御需求十分强烈，似乎长期面临着战争的考验。将玉器改造成片状，无疑是为了便于放置在建筑中。孙周勇认为，石峁人"藏玉于墙"的背后，是一种对建筑的神化，他们希望通过这种方式，增强建筑本体"驱神禳鬼"的功能。

良渚、陶寺和石峁，三处都邑性质的遗址，都已经呈现出了早期国家的形态。虽然它们在时空上并没有连续性，各自的文化面貌也呈现出不同的风格，但是玉文化犹如一条强韧的丝线，将它们紧紧地联结在文明进程中。

藏玉于墙
石峁遗址皇城台玉钺出土及外城东门址墙基内玉铲出土情况

玉琢华章

凌家滩遗址，位于安徽省马鞍山市含山县太湖山一带的滩涂之上，总面积约220万平方米。1987年至今，这处距今5800年至5300年的遗址面貌，已经逐渐被考古人员揭露出来。

从空中俯瞰，凌家滩遗址呈长方形，有内、外两条大型的壕沟环绕。内壕与裕溪河形成一个封闭的区域，主要为生活区；越过内壕，遗址的最高处便是祭坛。以祭坛为核心，这里分布着数十座不同规格的墓葬。

几十年来，凌家滩遗址的考古发掘，总伴随着大量玉器现世。2022年，安徽省文物考古研究所史前考古室负责人张小雷率领的考古队，又有了惊人发现。在墓葬祭祀区西侧发掘地点，他们发现了燎祭遗存。那是一个用石头堆积出的椭圆形坑，坑里有大量红烧土块，中部掺杂了大量玉石块。燎祭是一种古老的祭祀仪式，古人把玉器、陶器、牲畜等祭祀品，放在柴堆上焚烧，用来祭天。

燎祭遗存中出土的龙首形玉器长约11厘米，造型奇特。一端既有龙又有猪的形象，头部隆起、鼻尖上翘、眼睛微睁，好像在沉思。掠过修长的身躯，另外一端的尾部是打磨得非常光滑的尖锥状。这是迄今中国考古中发现的唯一一件此类造型的玉器，有专家认为它是一种巫医的工具。

在这个祭祀坑，还发现了迄今为止史前时代最大的玉璜和石钺，以及大量新器型玉器，包括椭圆形牌饰、齿轮形玉器等。在祭祀坑被发现之前，凌家滩遗址大部分玉器是作为随葬品，出土自墓葬区。祭祀坑的发现打破了考古界此前对新石器时代中国东方地区传统的认识，这些玉器、石器已经脱离

玉石记　　027

了个人属性，成为社会团体共同进行祭祀活动时所用的器物。

几十年来，凌家滩遗址已出土了1100多件玉器。有古朴神秘的玉版玉龟、刻有八角星纹的玉鹰、虔诚祈祷的玉人，还有龙凤一体的玉璜……

关于凌家滩遗址出土的玉版玉龟，有诸多的未解之谜。玉龟分为腹甲和背甲，两件龟壳表面光滑，温润剔透。在它们中间放置有一块玉版，四边有钻孔，可以用绳子穿缀。细细观察，玉版的正面呈四方状凸起，并刻画有大小环套的2个圆圈；玉版四角刻有4个大箭头，大小圆圈之间，也刻有8个箭头。在凌家滩遗址出土的一件玉鹰腹部，类似的八角星纹赫然其上。

李新伟认为，凌家滩玉器的最大特点，是对宇宙观有了更清晰的表达。有人说玉版上的八角星纹像太阳，而在李新伟看来，它是天极的代表，星宿运行都是环绕天极运行的。从外形上观察，玉版内刻的圆圈就如同耀眼的日轮，8个突出的锐角自中心向外扩张，寓意四射的光芒。这个神秘的图形符号，指引着先民举目仰望，追寻太阳的足迹。

除了借助动物造型的玉器寄托信仰，凌家滩先民还将虔诚的姿态幻化为玉人的模样。凌家滩遗址墓葬区出土了多件玉人，它们或坐或站，但都呈现出双手抱于胸前的姿态。1000多千米之外的红山文化牛河梁遗址中，也出土了一件几乎在同一时期、形态相似的玉人。李新伟认为，玉人浮雕表现的是当时宗教领导者通神的姿态，两处遗址的玉人反映了相同的宇宙观，表现了相同的与神灵沟通的方式。

凌家滩遗址出土的玉人，不仅还原了5000多年前的人物形象，更令人惊叹的是它的制作工艺。在一件玉人背后，有一个两侧贯穿的钻孔，可以用细线穿过佩戴在身上。这个微型钻孔最细处的直径竟然只有0.15毫米，甚至还不到两张A4纸的厚度。还有一件玉耳珰，也被称为"玉喇叭"，为耳部佩饰，器壁厚度仅有0.9毫米，即使在高倍显微镜下观察，也难以看到切割和抛光的痕迹。别具一格的玉器造型、细腻的制玉工艺，让人不禁为凌家滩先民的智慧所折服。

大约在5300年前，凌家滩文化落幕，但是玉文化的光辉始终绵延不绝。沿着长江逆流而上，那里的湖北石家河文化，又将玉的造型之奇、技艺之精，推向了一个新阶段。

龙首形玉器
凌家滩遗址燎祭遗存出土

玉版玉龟
凌家滩遗址出土

玉鹰
凌家滩遗址出土

石家河文化因湖北省天门市石家河遗址而得名。考古人员在这里发现了4个文化层的堆积，证明早在5900年前，便有先民在此居住。2023年，石家河最新的考古成果一经公布，便震惊了考古界。考古学家们首次确认石家河古城由内城、城壕、外郭城构成，总面积达到了348.5万平方米。近几年，考古队还在这片区域内发掘了印信台遗址和三房湾遗址，前者出土了大量的红陶缸，专家认为这是先民们的祭祀场；后者则有数万件红陶杯现世，被推测为石家河的制陶作坊。

　　石家河遗址的考古工作已经持续了近70年，考古人员在揭示遗址面貌的同时，还想弄清楚一个和玉器有关的问题：石家河遗址在4200年前，文化面貌一脉相承，以陶器为主；但到了距今4200年左右，却开始突然出现大量精美的玉器，并成为其典型特征，这种转变是如何发生的？有观点认为，也许是因为其他族群的强势融入或取而代之，使得玉文化在石家河落地生根。为了更加明确地区分，考古界将以玉文化为主要特征的这段时期，称之为"后石家河文化"。

　　谭家岭处于石家河遗址的最中心位置。2015年，这里出土了240多件玉器，成为后石家河文化时期玉器水平的重要代表。这里的玉器以人头像或动物雕像最为突出，透过这些充满想象力的"像生玉器"，我们可以看到石家河先民对于生活、自然和世界的独特见解。除了写实的动物造型，石家河遗址还出土了极具神化色彩的玉龙、玉凤。

　　"玉人下瑶台，香风动轻素"，在唐代的诗句里，"玉人"多用来形容容貌美丽的女子。而在湖北天门博物馆，珍藏着一批4000多年前形态各异的"玉雕人像"，诉说着历史的故事。有的玉人走写实风格，方脸，头戴冠帽，双眼圆睁，庄严肃穆，推测可能是当时的首领或者巫师；有的玉人形象夸张，纵目、鹰钩鼻、面带神秘微笑，细细一看，4颗牙齿和3道牙缝清晰可见。不仅如此，在其他后石家河文化遗址中，甚至还出土了带着獠牙的人面相。

　　1976年，在河南安阳，商代女将军妇好的墓葬重现于世，墓葬中有一件凤鸟形状的玉器。这件凤鸟头戴花冠，侧身回首，轻盈洒脱。假如让它的身体蜷缩回团状，凤的形态、工艺技巧、装饰纹路，都与石家河遗址出土的玉凤如出一辙。考古研究者使用硅胶复制玉器上的微痕，再带回实验室样品

玉鹰
谭家岭遗址出土

对比凌家滩出土的玉鹰,这件玉鹰造型明显更加圆润,眼部突出,双翅合拢,尾部呈扇形。它的喙呈圆勾状,微微向下,表面平平无奇,却内藏乾坤:喙部里面是可以活动的,跟身体是不同的玉料,喙是由闪石玉制成,身体的部位则是云母玉

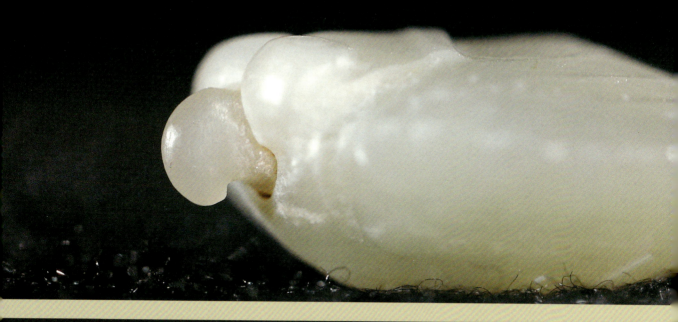

玉凤
石家河遗址出土

玉凤
殷墟妇好墓出土

台,在扫描电子显微镜下,能很清晰地观察它表面的形貌。通过这种微痕观察技术,发现凤鸟的纹饰雕刻技法,也与石家河的玉凤相似,都是减地阳纹。

妇好墓出土的玉器多是以双阴刻线工艺雕琢,减地阳纹已经不是妇好时期的典型工艺。由此可以推断,这件玉凤是年代久远的收藏品。石家河的玉凤,在1000多年后,被妇好收藏,这是中国玉文化流转传承的又一例证。事实上,在史前时期,玉文化就已经开始在黄河、长江流域间进行着奇妙的汇聚融合。

山东省临朐县西朱封龙山文化遗址的一座大墓中,出土了一件镶嵌绿松石的玉笄,是来自4000多年前的头饰。笄最初是挽头发的工具,后来演变为装饰物。山东出土的玉笄,上面是扇面形,成扁平状,运用镂雕和镶嵌技术装饰以绿松石,4000多年前工匠的玉石镶嵌之精绝,是技法和审美的完美融合,也是山东龙山文化玉器最精华的创意。

技艺精湛的玉器匠人,把这种工艺传播到了更广阔的地区。中原地区的二里头文化,就是和山东地区互动比较频繁的例子。绿松石的镶嵌技术,被中原先民用到了铜牌饰、绿松石龙的制作当中。山东龙山文化中创造出来的牙璋,也成为二里头文化中象征权力和等级的重要礼器。就这样,6000年前至4000年前,各地的先民,通过对玉的雕琢与使用,赋予了文明绚烂的色彩。

广泽神州

从灿若繁星的部族聚落,到规模庞大的古城古国。伴随中华文明的演进发展,小小的一块玉,承载着礼仪、德行、志气、风骨,逐步在中华大地不同区域、不同族群间,构建起广泛的文化认同。

在洛阳盆地东部,北依邙山,南邻古洛河,二里头遗址向世界展现着中国"第一王朝"的赫赫风度。在遗址的夏代墓葬中出土了一种别致玉器,昭示着夏朝的强大影响力。这种体形扁薄、顶端有刃的玉器,名为"牙璋"。

二里头遗址出土的牙璋,体形普遍更大,两面扉牙间,有多重精细浅刻的纹饰。而扉牙的龙形化,更是此前的牙璋所不具备的。

龙,这一中华民族最具传奇色彩的代表性图腾,在二里头遗址出土的绿松石龙形器、镶嵌绿松石铜牌饰以及诸多陶器上多次被发现,更佐证了牙璋侧面的"张嘴兽头饰"实则是龙形的推测。

从中原地区向西南,在四川广汉三星堆遗址和成都金沙遗址,乃至东南的福建、广东、香港,诸多与中原相距甚远的遗址当中,与二里头遗址风格相似的牙璋频频出现。牙璋的传播与扩散,印证了夏朝广域王权在数千千米范围内的影响。这或许意味着,在这一时期,中华文明开始出现了王朝认同、文化认同、礼制认同。

1976年春,在河南安阳商代晚期都城殷墟遗址所在地,一座未被盗掘、面积不大的方形墓坑里,出土了近800件玉器。青铜器铭文和甲骨上的记载,为我们揭晓了这位古玉"收藏家"的身份——妇好,商王武丁心爱的王后。

在妇好墓中,除商代玉器外,还有大量年代更早的遗玉和旧玉改制器。

在这里，兴隆洼、红山、齐家等诸多文化遗存的"玉影"，依然显示着神权的余晖。"国之大事，在祀与戎"，在商王治下，祭祀逐渐成为王权的专属，玉在其中发挥着至关重要的作用。

妇好墓还出土了玉钺、玉刀、玉戈等玉兵器，这揭示了妇好的另一重身份：她是目前已知中国历史上有文献记载的第一位女将军，曾多次受命征战沙场。商王朝的开疆拓土，妇好功不可没。在武丁统治的半个世纪里，商朝中兴，疆域在征战中不断扩大，成为西起甘肃、东到大海、北及大漠、南越长江的泱泱大国，史称"武丁盛世"。

公元前1046年，牧野一战，周武王击败了商纣王，周王朝正式登上了历史舞台。面对辽阔的疆域和多变复杂的局势，西周的统治者为了巩固政权，将玉器赋予新的价值和意义。周公制礼，经国家，定社稷，序民人，利后嗣。发轫于周朝的礼乐制度，对中国传统文化和社会发展产生了深远的影响。

位于河南省三门峡市黄河岸边的虢国墓地，长眠着西周诸侯国中与周天子血缘十分亲近、战功显赫的一脉。这里出土的众多玉器，反映了周朝以玉制礼的面貌。

《周礼》记载："以玉作六器，以礼天地四方，以苍璧礼天，以黄琮礼地，以青圭礼东方，以赤璋礼南方，以白琥礼西方，以玄璜礼北方。"璧、琮、圭、璋、琥、璜，共同组成了周代玉礼器系统，玉和礼的关系得到空前发展。

殷墟妇好墓出土玉器

"言念君子，温其如玉"，这是《诗经》中的古老比喻。君子，是儒家思想中美好人格的集大成者。儒家思想评价玉有"首德次符"的说法，意思是首先看中玉的品质，其次才观察色彩和外观，可见其中"以玉比德"的寓意。而呼吁君子之美德的孔子，也慷慨地赋予了玉仁、知、义、礼、乐等十一种美德。美玉以其温润洁净的质地，成为美好德行的象征。数千年来服务于宗教神巫和王权礼乐的玉，自孔子"以玉比德"开始，更增加了人格的象征。"以玉比君子"的孔子，终其一生高呼仁政思想，在征伐四起、礼崩乐坏的现实面前仍对此坚守不弃。

诸侯争霸的序幕即将拉开之际，玉石又扮演了别样的角色。

1965年12月，山西省侯马市正准备建设一个新电厂，在施工掘土过程中，一件件带土的玉石片现世，上面隐约显现朱书的字迹，引起了人们的注意。经过张颔等考古学者的鉴定，这批写有文字的玉石片，是春秋末年晋国的官方文书。比如图中这块小小的盟书片，只有鸡蛋大小，正反面却足足书写了90个字。

春秋末期的晋国世卿赵鞅，与晋国内部盘根错节的势力屡屡举行誓盟，他们将誓言写在玉石片上，共同约定不纳室、不背叛、内部团结、打击敌对势力，诅咒背信弃义的行为。古人认为玉有灵气、能通神，于是就将盟誓写在玉器上，请神监督众人遵守誓言。

公元前221年，秦灭六国，结束了自春秋战国以来长达500多年的诸侯割

春秋时期侯马盟书

玉石记　035

据纷争，在中国历史上首次实现了大一统。但短暂的秦朝，来不及有更多作为，就将江山易主给另一个盛世。继往开来的汉朝，继承并发展了先秦儒家"贵玉"的思想。玉不仅被当作身份、财富、品德的象征，更被视为天地之精。

有人相信吞食玉屑可以求得长生不老，有人相信用玉殓尸，就能永生不朽。于是汉朝"事死如事生""厚玉随葬"蔚然成风。这就有了规格最高、工艺最复杂、工程量最大、造价最昂贵的金缕玉衣。

汉代的玉衣和玉枕、玉手握、玉九窍塞、玉璧组成了一套完备的玉殓葬组合。一件件夺目的"华服"，不仅彰显着主人特殊的身份，也承载着古人对永生不朽的向往。

除了金缕玉衣，汉代还有一种玉器充分体现着封建等级制度的严格，那就是玉印。汉代著作《独断》中记载："秦以来，天子独以印称玺，又独以玉，群臣莫敢用也。"只有位于王权之巅的帝后，才能用洁白无瑕、晶莹润泽的羊脂白玉，雕琢玉玺。

这种珍稀的玉料产自新疆和田。在中国传说故事中，西周天子周穆王，驾驶着八匹骏马牵引的车驾，向着遥远的西方巡游，与西王母相会于昆仑山。临别时，西王母送给周穆王满满八车玉石。这段故事被记录在了《穆天子传》中，成为最早记录中原与西域之间交流的史料。随着对商代妇好墓玉器研究的深入，也有观点认为，和田玉或许早在周代之前就已经进入了中原。

西域有珍奇美玉，令古代中原人心驰神往，直到汉武帝时期张骞"凿空"西域，和田玉终于开始大量进入中原。两汉时期，和田玉逐渐成为皇家用玉的主流。到隋唐时期，和田玉已经凭借优异的玉质，成为承载中国玉文化的主要原料。"西玉东输"，也让玉文化在人文交流中得到进一步的融合与演进。

后世的人们，基于长久以来的用玉体会，不断总结玉料的特点，将辽宁鞍山的岫岩玉、新疆和田的和田玉、陕西西安的蓝田玉与河南南阳的独山玉，合称为中国"四大名玉"。玉成中华，蔚为大观。

自秦汉以后，玉继续见证着朝代的兴衰更迭，展现出更加丰富多元的造型和用途，风格上也开启了写实主义的新篇章，走到普罗大众之中。直到今天，中国人琢玉、崇玉、爱玉的情感依然浓烈，并和古人一样，会把家国情怀甚至世界大同的理念，融入玉中。

西汉金缕玉衣
徐州狮子山楚王陵出土
由4828片玉片和1000多克金丝穿缀而成,是目前国内出土的年代最早、玉片数量最多的玉衣。据专家考证,这件金缕玉衣的主人是第三代楚王刘戊

西汉皇后之玺

当第一粒稻种撒进土壤,当第一座村坊照进阳光,野果、鸟兽、鱼类,便不再是仅有的食物来源。从此,人类不再把"生"的希望完全寄托于自然馈赠,而是开始尝试主动创造。

稻谷记

万年古稻

稻米，是全球近半数人口赖以为生的主粮，并且孕育出以"稻作"命名的文明。然而考古发现表明，稻米在一万多年前还只是水边野草的种子。

草籽如何进化成人类的主粮，又是什么人最早开始种植水稻？中外考古界对此有很多猜想与求证，关于水稻起源的几种学说也曾争议多年，悬而未决。直到20世纪90年代，一支考古队走进了江西省万年县一座幽深的洞穴。

江西省万年县东南部是典型的喀斯特地貌，在一片片连绵起伏的丘陵中隐藏着很多天然溶洞。其中一座位于山脚下，被冠以"仙人"之名，曾经在很长时间里被当地人视为禁区。这不仅是因为洞穴深不可测，还因为入口处有大量露出地表的动物骨骸。没人知道这里发生过什么，也鲜有人敢深入洞穴一探究竟。

20世纪60年代起，神秘的仙人洞开始引起考古界的关注。先是省内，后来是国内，再后来是国际合作……几十年里，随着考古发掘的不断深入，仙人洞的谜团被层层剥开。在仙人洞以及几百米外名为吊桶环的遗址，相继出土了数以万计的动物骨骸碎片，大量石器、骨器、穿孔的蚌器。这一切似乎在明示，仙人洞和吊桶环曾经是远古先民的生活场所。

最激动人心的发现来自出土的陶片。考古测年发现，文化堆积层最底层的陶片竟然可以追溯至大约两万年前。这是国际考古界迄今为止，发现的年代最早的陶器。

我们住在山洞里的祖先，是世界上最先掌握制陶技术的人，这毫无疑问

仙人洞遗址外景

是中国远古文化投射出的又一束高光。陶器的出现，应该和加工食物关系最为密切。陶器的主要功能一个是盛，一个是煮，最早的用途就是炊器。远古先民最初获取食物的途径是采集和渔猎。野果采下来可以生吃，肉食可以架在火上烧烤。而陶器作为蒸煮炊具的出现，意味着先民发现了第三类食物。

植物考古学家在仙人洞内距今一万多年的地层中，发现了一种叫"植硅体"的微小颗粒。植硅体就是植物细胞的化石，大小大概2—2000微米，绝大部分是10—200微米，大概相当于一根头发的直径。不同植物和植物的不同部位，都会产生不同形状的植硅体。考古工作者可以据此判断，某块土地在万千年前曾经生长过哪些植物，甚至可以判断它们是否经历过进化，是否影响了人类的饮食。所以，植物考古学家往往把植硅体视为考古世界中的"神兵利器"。

令考古人员备感困惑的是——仙人洞发现的部分植硅体，属于一种叫"野生稻"的草类植物。按照常理，它只生长在沼泽湿地里，不会出现在洞穴边。除非，有人把它带到这里。

从江西省万年县出发，一路向西南行进百十千米，再穿过林间小径，就出现一片野草蔓生的沼泽。这里偏远僻静，看上去很普通，但这是江西抚州东乡野生稻原位保护区，每隔一段时间，就会有农学家来此造访，在他们眼中，那些看似一文不值的野草却是无价之宝。这是因为，人类今天食用的栽培稻，都是由这种野草进化而来。准确地说，它的名字叫"野生稻"。

野生稻是所有栽培稻的祖先，但又与我们认知中的"稻"完全不同。野生稻是趴在地上匍匐生长的，而栽培稻是直立生长的；野生稻的种子少，也比较小，栽培稻结的种子多，且比较大；野生稻的种子成熟时很容易自然落粒，而栽培稻不容易自然落粒。

借助400倍电子显微镜，考古人员在万年县仙人洞和吊桶环遗址发现的植硅体中找到了某些有趣的线索。它们就是野生稻植硅体，分布在仙人洞和吊桶环遗址，距今16000年前后的土层里——那时全是野生稻。

令考古人员惊奇的是，大概到了距今12000年前后，植硅体发生了显著变化，基本上一半是栽培稻的，一半是野生稻的。中国社会科学院考古研究所研究员赵志军认为，那时起，仙人洞和吊桶环的古代先民，已经开始种植具备一定驯化特征的水稻。这标志着人类在距今12000年前后已经开始驯化水稻。

江西抚州东乡野生稻原位保护区

与此交相辉映的是，在湖南道县的玉蟾岩遗址，也发现了10000多年前的栽培稻遗存。然而，这些考古发现还不能全部解答稻作起源的真相。隐藏关键线索的一块拼图，正卧于群山脚下的金衢盆地，那里沉睡着上山遗址。

2000年，浙江省文物考古研究所研究员蒋乐平带领一支考古队来到浙江金华浦江县上山地区开展例行的考古调查。第一条探沟开挖时，他绝想不到，这片山清水秀的旖旎风光下，涌动着一条远古文化飞扬奔腾的激流。

待到挖出第一片陶片，蒋乐平和同事从陶片的特征判断，这个遗址和良渚遗址完全不一样，年代可能会更早，推测为距今六七千年。然而，经过考古测年，得出的结论是距今10000年！

长久以来，考古界一直认为距今约7000年的河姆渡遗址，是长江下游及环太湖流域迈入新石器时代的标志。然而上山遗址的发现，将这个时间至少前溯了3000年。从那时起，这片大地仿佛忽然苏醒了，不断呈现惊喜：金华、衢州、绍兴、台州等4个市11个县市区，先后发现上山文化遗址21处。它们组成了迄今发现的东亚地区规模最大、分布最集中的早期史前遗址群之一，联合呈现了距今约11000年到8500年间完整、连贯的社会图景。

在上山遗址群中，考古人员陆续发掘出大量用于生产生活的石器、陶

带有稻壳的陶片
上山遗址出土

器，甚至发现了彩陶。更令人惊喜的是，遗址中还发现了墓葬和房址遗迹。

随着一系列考古发现，一个被掩埋在地表之下长达万年的族群重见天日，他们极有可能是第一批告别洞穴生活的先民。他们在旷野中建立了最早一批村落，也就是说那时的人们已经开始了定居生活。这种定居状态产生了一个后果，就是人口大幅度增加，随之而来的是对食物的需求——我们的先民需要获得一种能够供全村落人饱腹的食物，这只有农作物能够做到，因为农作物的单位产量更高。

借助电子器材，考古人员在上山遗址发现一粒大约10000年前的炭化稻米，长3.7毫米、宽1.6毫米、厚1.7毫米，这是目前已知人类最早的栽培稻化石。别看它现在像一粒粗糙的小石子，但10000年前的某一天，它第一次从稻壳中现身时，一定有人为它欢呼雀跃。这是人类第一次栽培出的稻米，是上山先民朝思暮想的"白雪美人"。

炭化稻的发现，将农业文明或者说稻作农业的起源，又往前推了一大步，从此，定居的人们开始有意识地、持续地利用周边的稻作资源。

10000多年前，远古先民驯化水稻是从挑选种子开始。大多数野生稻的种子成熟后就自然脱落，坠入泥塘不见踪影。先民可以采集充饥的，恰恰是那些因为基因变异而不会自然脱落的种子。经过反复收集和播种，那些自然落粒的个体被淘汰了，剩下的全是不落粒的个体，栽培稻终于被成功驯化出来了。

考古人员在上山遗址文化堆积层中，发现了大量栽培稻植硅体；此外，还发现了疑似用于收割水稻的石镰；同时在很多陶器中，发现了用来加固陶胎的稻壳遗存。大量形态各异的陶器，似乎分别对应着谷物的收获、食用和储藏。种种发现，都在佐证10000年前的上山人已经开始有规模地驯化水稻，并且普遍食用水稻的事实。但是，这条证据链还差关键的一环。

2001年夏天的一个早晨，蒋乐平像往常一样赶去考古挖掘现场。在入口处，他忽然停下脚步。角落里的一块石头引起他的注意。在考古挖掘现场，经常会有挖出的石块被弃置在一边，这并不稀奇。一块石头为什么会令蒋乐平如此重视呢？原来，随着上山遗址一系列与稻作有关的证据出土，有一个谜团也愈发令人困惑：要食用稻米必须先剥开稻壳，可10000年前的上山人没有脱壳设备，他们是怎么办到的？

为此，蒋乐平进行了一次实验考古。他把一捧稻谷撒在石盘上，再找来一块平滑的石棒反复碾压……一个看似简单的动作，经过力度的反复调整，终于有了结果——稻壳和谷糠开始纷纷脱落，露出俗称"大米"的胚乳。

石盘冥顽，却能迸发出生命的气息；石棒粗粝，却能锤炼出生存的智慧。栽培、收割、加工、食用——至此，一条上山先民培育水稻的证据链终于完整了。

经过几代考古人员的不懈探索，无论是12000年前的仙人洞和吊桶环遗址，还是10000年前的上山遗址群，都宣告了一个无可争议的事实——长江中下游地区的中华远古先民，是世界上最早栽培水稻的人，是他们开启了稻作农业在人类历史上的正式发端。

炭化稻
上山遗址出土

石磨盘、石磨棒
上山遗址出土

驯化之旅

井头山是浙江宁波余姚市一座海拔不到100米的小山丘，距离最近的海岸线有三四十公里。约8000年前，井头山还紧邻一片古海湾，生活在这里的先民背靠江南大地，面朝浩瀚东海。

而今天，考古人员对井头山遗址进行发掘时，在基深10米，面积1000平方米的钢筋水泥基坑里，已经淘洗出来七八千筐海生贝壳，大概有5大类、20多个品种，除此之外，还出土了数万陶片和大量精美的陶器、石器、木器、骨器、贝壳器等人工遗物和早期稻作遗存。

在一块疑似来自陶釜底部的陶片上，考古人员发现了状似锅巴的残留物，仔细看应该是炭化稻米的痕迹。将取下来的样品分离后，在显微镜下观察，发现有大量水稻淀粉粒。靠海吃海的井头山人也在食用稻米，这个结论令考古学家感到兴奋。问题也接踵而来，锅巴里的稻米来自野生稻还是栽培稻？

在植物考古领域，小穗轴是判断野生稻与栽培稻的一个重要依据。野生稻成熟后自动脱粒，稻穗的小穗轴与稻谷的基盘相连的部位，光滑平整；而栽培稻需要借助外力才能脱粒，强大的外力将小穗轴和基盘脱离时，会留下明显的撕裂痕迹。

在井头山的灰坑里、地层中，浙江省文物考古研究所研究员郑云飞和同事们进行了采样浮选，以便拣选和统计稻谷小穗轴这类遗存的特征和数量。在抽取的两升土样中，他们发现了3400多粒小穗轴，其中大部分呈现明显的撕裂痕迹。日益完整的证据链表明，井头山人已经尝试种植水稻，并将稻

带稻米残留物的陶片
井头山遗址出土

稻谷小穗轴
井头山遗址出土

米加入以海鲜为主的食谱中。

井头山是典型的海岸贝丘遗址,具有鲜明的海洋文化属性。海岸贝丘遗址与水稻栽培耕作痕迹同时存在,这样的发现在中国考古史上尚属首次。这意味着,8000年前,中国的沿海地区已经出现了稻作农业的萌芽。

8000年前,小小稻谷引发了一系列奇妙的改变。它的踪迹不仅出现在长江下游及其周边地区。在长江中游澧阳平原的彭头山遗址,出土了稻壳谷粒掺杂制成的陶器;在八十垱遗址,发掘出大量完整形态的炭化稻谷和稻米,还发现了环壕聚落。一些今天已不属于水稻主产区的地方,8000年前也曾上演过精彩的"稻谷记"。

在地处淮河流域的河南舞阳,以小麦为首的旱地作物,是现在当地人一日三餐的主粮。1975年8月,舞阳县北部的贾湖村附近,当地农户在采挖土石时,陆续发现了一些陶器、石器和人骨。从20世纪80年代开始,考古工作者用了40余年时间,让5.5万平方米的贾湖遗址重见天日,45座房址、9座陶窑、370座灰坑、249座墓葬……完整呈现距今约9000年至7500年前淮河流域的新石器时代文化遗存。

考古队员从贾湖遗址的灰坑,也就是远古先民倾倒垃圾后形成的遗迹

河南舞阳贾湖遗址

中，取了大量土样进行浮选。将土样放入水中，很快便有大量炭化颗粒浮出，这些很有可能是比重较小的植物遗骸。经过浮选发现，灰坑土样里存在大量稻谷，经碳-14分析测年和树轮校正，确认这是距今8000年的遗存。

贾湖遗址浮选出的炭化稻谷中，80%以上和野生稻有明显区别。不同地层出土的稻粒显示，在1000多年的时间里，贾湖稻谷的个头不断变大，长宽比又不断地缩小，也就是说，它们越来越接近今天的栽培稻。

背靠伏牛山、置身黄淮冲积平原，淮河上游十几条支流纵贯其间……贾湖遗址所在的地方，从古至今都是农耕兴旺之地。作为耕种者重要的帮手，农具印证着农业的变迁。在贾湖的考古发掘中，发现了1600余件先民使用过的各色工具。考古人员将工具分为狩猎、捕捞和农作三类，然后分别统计贾湖文化三个时期里每一类工具数量的增减。

距今9000年到8500年前的第一期，狩猎工具与捕捞工具占总量的绝大多数，农具罕有发现。距今8500年到8000年前的第二期，农具数量开始缓慢增多。当时间来到距今8000年到7500年前，农具大量增加，占了几乎一半，狩猎和捕捞工具比例明显下降，贾湖遗址的农业主要是栽培水稻，表明这个时期，稻作农业成为人们食物的主要来源。

石镰
贾湖遗址出土

稻谷记

北京大学考古文博学院副教授秦岭表示，稻作农业区拥有可持续发展的模式，因而稻作文明是更加稳定的一种定居生活。在这种情况下，先民们有余力去创造更多的物质文明。

所以，在贾湖遗址，考古人员不仅找到了稻作农业遗存，还发现了数量众多的猪骨。考古人员从猪牙的排列、咀嚼面的大小等多方面研究得出结论：距今8000年前后，贾湖人已经开始尝试将野猪驯化为家猪。耕作与饲养，是原始农业的重要标志，它们伴生出现，意味着人类开始摆脱对自然的依赖，越来越自主地掌握自己的生计。

考古人员在贾湖遗址出土的陶片上，检测出酒石酸、稻米、蜂蜜和山楂的残留物。这表明8000年前的贾湖人，已经开始用稻米和果子酿酒。"清醯之美，始于耒耜"，这是西汉典籍《淮南子》中的一句话。酿造源于农耕，且与农耕异曲同工：取之天赐，佐以人工，日臻成熟，至于大成；在认识与实践中，它们激发人类独有的能动性，并催生出影响更为深远的创造与发明。

在贾湖遗址，人们还发现龟甲、石器、木器和陶器上有锲刻的原始符号。其中一些形状与甲骨文高度相似。这些神秘的符号，是不是蕴含特殊的信息与含义？人类迄今为止连续使用时间最久的文字——汉字，是否以此为滥觞？今天的人们，依旧能吹响8000年前贾湖人制作的骨笛；而8000年前的气息，穿过骨笛的孔洞，回荡的是怎样的音律？

文物帮助我们格物，未知催促我们致知。综合已有的考古发掘成果，可以勾勒出约8000年前先民的生活样貌：他们伴东海惊涛、江淮川流，撒下希望的稻种；变乘桴、造舟楫，开启前所未有的航程；变围猎为畜养，以粮稻酝佳酿，发现生漆的秘密，用龟甲卜卦发出远古的天问。在世代相守的土地上，他们耕耘出绵延不绝的文明。

残留着酒石酸、稻米、蜂蜜和山楂的陶片
贾湖遗址出土

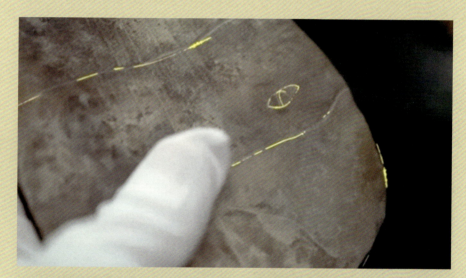

锲刻着原始符号的器物
贾湖遗址出土

田园家园

　　双鸟朝阳纹牙雕、猪纹陶钵、黑陶器皿……这些凝结着淳朴审美情趣和奇特艺术构思的艺术珍品，诞生于六七千年前的新石器时代。浙江余姚河姆渡，是创造它们的远古先民们生活过的地方。

　　1973年，河姆渡遗址第一次发掘，先民们的作品便震惊了世人。而后，

河姆渡遗址

随着发掘的深入，遗址第四文化堆积层中一些貌不惊人的植物遗存，引发了中外考古界更大的惊叹。那是大量的稻谷、稻壳等遗存。

考古工作者预感到，这一发现将非比寻常！20世纪70年代以前，考古发现最早的栽培稻在印度，距今约3700年。由此，"水稻印度起源说"长期为国际考古界的主流观点。而河姆渡遗址出土的稻谷材料，经过众多农学专家鉴定确认为栽培稻，碳-14测年结果显示，河姆渡出土的稻谷距今约7000年，比印度发现的稻谷要早3000年以上。

自河姆渡遗址发现后，水稻起源的时间不断被刷新，但河姆渡始终是中国考古史上的一座里程碑——它以无可辩驳的实物，首次证实了水稻起源于中国，印证了中华民族祖先对于世界的一项重大贡献。

农具，始终与稻作农耕相伴。

圣水牛是一种曾经遍布于长江、黄河流域的动物，它的肩胛骨被大量发现于河姆渡文化遗址中。圣水牛肩胛骨最大的特征，就是像一块乒乓球拍一样，在潮湿的软土田里可以像铁锹一样使用。河姆渡遗址出土了170多件这种工具。

《周易》曾记载神农氏最早创制的农具——耒耜。尖头木棒制成的耒和铲状的耜，象征着中国农耕的初始。那么，河姆渡遗址出土的骨质工具，是否可以归类为耜？1977年一件新出土的文物给予了人们启发，这件工具正上端保存有一段木柄，横孔部位则以十多圈藤条紧缚木柄的末端。这说明完整的耒耜在7000年前的河姆渡已经出现。

六七千年前的骨耜，作为农田里的翻土工具，虽然它的使用效率只能达到现代铁锹的二分之一，但它插入大地的那一刻，便开启了人类利用工具改造土地的漫长篇章，为先民掘出最初的田园。

2003年，同属河姆渡文化的田螺山遗址开始挖掘，发现6个文化层，出土大量陶器、木器、动植物遗存和木构建筑遗迹。专家推测，这里当年是个人口相对密集的村落。

村边河道里的一处遗迹，引起了考古工作者的格外关注。三根粗糙的原木，首尾相连架设于河床之上，考古人员推断，这是一座独木桥——中国迄今为止发现的最早的独木桥。7000年前的独木桥，成为浙江省文物考古

田螺山遗址外景

研究所史前考古室主任孙国平和同事们的路标,带着他们找到先民生活的两岸。此岸是炊烟袅袅的家园,彼岸有绿波春浪起伏的田野。

随着钻探发掘,考古工作者根据土层里面的水稻叶片扇形植硅体判断,田螺山村落周围是古水稻田。在田螺山遗址,人们还发现了排列有序的柱洞和加工规整的方体木柱。木桩与木柱,构建起房屋建筑的基础。

2003年,在距离余姚不远的海盐县仙坛庙遗址,出土了一件黑皮陶器盖,其内壁有一个干栏式建筑图案。这件文物印证了我国在史前文明时期已有干栏式建筑。这种架空的建筑,日后成为长江以南以及东南亚各国建筑的主要形态;中国传统建筑中的亭台楼阁,也与干栏式建筑有着千丝万缕的联系。基于干栏式建筑,河姆渡先民又创造出一套同样对后世影响深远的技艺——木结构建筑的榫卯。

神奇的北纬30度线,串联起世界上众多的文明聚落。河姆渡等我国早期稻作文化遗址,大多坐落于这条纬线的周边。沿着这条纬线向西至长江中游地区,便来到了中国稻作农业的另一个重要发源地——湖南澧阳平原。

湖南省文物考古研究院研究馆员、植物考古专家顾海滨在湖湘大地已深耕了30余年。城头山遗址出土了不少异常壮硕、饱满的炭化稻谷,有些甚至大小超过了现代稻米,这引起了顾海滨的注意。研究之后她有了一个猜想,6000多年前,城头山先民可能已经开始有目的地培育良种了。

从1991年至2014年,湖南大学岳麓书院教授郭伟民参与和见证了城头山遗址15次考古发掘。15次发掘,日渐清晰地揭示着一个稻作聚落的千年演变,并印证着水稻与文明的紧密关联。

1996年的一次发掘中,考古人员在城头山遗址外围的地层下发现了大

黑皮陶器盖(上有干栏式建筑图案)
浙江海盐县仙坛庙遗址出土

量特殊的土质：青灰色，类似淤泥，是比较软的堆积，里面还有一些植物根须。参加发掘的农民说这可能就是稻田的土。考古人员决定扩大面积，继续发掘。更多的稻田特征依次显现出来：两条田埂、长方形田块、人工挖掘的储水坑和水沟……一个相对完整的稻田系统呼之欲出。1997年，古稻田遗址里又发现了一枚田螺，和今天的田螺看上去十分相似，毫不起眼。但是，对田螺的考古测年显示，这片稻田的年代在距今6500年至6300年前。

正当考古工作者沉浸于这一发现的喜悦中时，一个更令人兴奋的成果旋即而至。

在城头山遗址的早期发掘中，曾经发现有城墙。1996年，考古人员在水稻田出土的地方，陆续发现了大量建造痕迹，它们是否呼应着之前的古城墙，并可合围出一座历史久远的城垣遗迹？这片稻田上垒建起的城墙，是先民临时性的防御工事，还是某种有组织的持续性工程？

遗址西南残存的一段城墙，如今被严格保护起来。残垣断壁上叠压的堆积层，隐藏着一部跨越千年的造城"编年史"：距今约6000年，城头山人第一次将两米高的城壕围栏修筑于稻田之上；距今约5500年，城墙首次扩建加固，增高到三四米，宽度增加到20多米；约5300年前，城墙再次扩建，高度跃升到六七米，宽度延伸到四五十米；约4800年前，城墙经历了最后一次扩建，最终营建起总长1000米，高达8米的夯土圆形城墙。

研究者们以考古实证为依据，复原了城头山城垣的大致结构。千米城墙守护着城池，总长1200米、宽50米的护城壕沟，与城垣一起构成双重防御体系。壕中活水与澧阳平原上密布的水网相连，将城头山人带入更辽阔的活动空间。

稻作农业的发达，使原来的环壕聚落进一步扩大。社会复杂化进程加速，社会分工更加明显，到这个程度，城就不可避免地出现了。如果说城是文明的标志物，城头山文明，就是从稻田里面长出来的文明。

出土的大量陶器显示，城头山先民中，已经有一群掌握了那个年代制陶"核心技术"的高手。在城头山古城中心区域，考古人员发现了近10座陶窑，伴随陶窑还先后出土了拌料坑、储水坑、工棚等配套设施……6000年前的制陶园区完整呈现。

城头山遗址城墙复原效果图

    20余年发掘揭开了被时光尘封的往事，城墙内这片古老的家园带给今人更多的惊喜与遐想：在制陶区南侧，发现了大面积居住区，有厨房、起居室、公共空间以及祭祀场所，它们或可看作是6000年前的多功能居住小区。不同空间有不同功用，这种理念，在那时或已开始萌芽。

    东门外，紧临供养生计的稻田，是古老的祭坛，厚厚的稻草灰烬显示先民曾在此祈求作物的丰收。祭坛中央的墓穴中，地位显赫者厚葬于此。

    这是从稻田里面长出来的城，从泥土生长出来的文明。距今约7000年至5000年间，从浙江宁绍平原到湖南澧阳平原，远古先民栽培水稻、拓垦田园、营造家园。从守望耕作、聚集成村，到修建壕沟围墙、设防村寨，直至建起早期城邑，他们在土地上的创造，前无古人。

稻谷记　057

稻丰古国

2021年，在湖南澧阳平原一片稻田的土层下，考古人员发现了4000多年前人类耕作留下的犁痕和脚印。

被列为2021年度中国十大考古发现的鸡叫城遗址，年代大致在距今5200年至4000年之间。距离此地10多千米外，便是6000年前的城头山遗址，两座古城的兴建间隔1000余年。

2019年，鸡叫城遗址发掘正在进行中。在遗址西南城墙内侧，一批木质结构建筑遗迹逐渐显露出来。其中一处编号为F63的房屋建筑遗存，引

鸡叫城遗址F63建筑遗存结构示意图

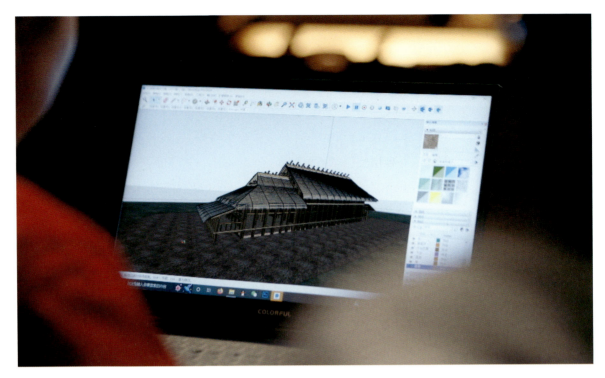

北京大学考古文博学院进行鸡叫城遗址F63建筑模拟复原

起了考古界的广泛关注：它由华贵的楠木、香樟建成，考古测年显示，它建造于距今约4700年的屈家岭文化时期。从F63遗存的地基和木质构件来看，五开间七室加上外围廊道，总面积达630平方米。体量之大，保存之完整，刷新了早期中国木构建筑史！

为进一步解锁这座史前超大型建筑的密码，北京大学考古文博学院以数字技术复原了F63。

规整的布局，宏阔的空间，宽敞的走廊，工艺考究且形状多样的粗大木柱——F63展示着鸡叫城先民高超的建筑技艺，如此专业化的大型工程也反映出背后社会力量的组织动员能力，鲜明呈现着一种更高的城邦文明形态。

从城头山到鸡叫城，1000多年间，澧阳平原上的聚落与社会呈现了跨越式的发展，这样的进步又依托了怎样的社会经济形态？

2021年，在鸡叫城遗址西区，考古工作者有了一个新的发现——80平方米的范围内，铺满了厚达15厘米的碎屑。刚刚出土时，堆积层呈现出棕褐的颜色。显然，其中有机质成分很高。考古人员拣选了部分碎屑样品进行检验，在显微镜下，发现了大量的水稻壳双峰型植硅体。由此断定，这堆看起来毫不起眼的物质，是约4700年前鸡叫城的稻谷糠堆积层。

根据谷糠堆积层的重量，推测当时生产的稻谷有2.2万千克。经过实验考古测算，2.2万千克稻谷脱壳后大约产生1.4万千克稻米。此次发掘仅窥一隅，谷糠层实际分布面积可能还要大很多。如此巨量的稻谷，从种植、收割、脱粒到最终统一处理谷糠，显然不可能是少数人群所能完成的。这说明，作为当时澧阳平原的核心聚落之一，鸡叫城的经济方式、稻作农业发展程度，以及劳动协作水平都已经具备了相当的高度。

考古人员展开了田野考古调查，他们搜寻的目标是远古的稻田。借助诸般科技手段，考古人员在鸡叫城遗址周边接连发现了约4700年前的古稻田和人工修筑的水渠。在核心区外又陆续发现了30余处小型聚落遗址，据这些发现可以还原出由城址本体、城外聚落遗址、外围环壕以及平行水渠和稻田片区所组成的城壕聚落集群。

顾海滨和助手按照年代顺序，通过计算和对比澧阳平原各文化遗址出土的栽培稻比例，试图从中找到稻谷与古城、稻作与文明之间更紧密的关联。顾海滨发现，遗址出土的水稻的粒形具有多样性，大小不一。宋家岗遗址出土的9000年前的稻谷，和现在的栽培稻大概有20%左右相似，城头山大概是70%，到了鸡叫城几乎就是100%，跟现在栽培稻的性状比较一致。她由此认为，鸡叫城已经是稻作农业社会。

小小稻米，排列出的是历史演进的序列：告别渔猎采集，步入农业社会，稻作推动长江中游史前社会阔步向前——距今5000年前后，从洞庭湖平原直至江汉平原，已是部族城邦林立，它们携手进入灿如满天星斗的古国时代。

令考古人员兴奋的是，不仅这个稻米排成的序列，与长江中游社会演进同步，且在千里之外，也有一个平行发展、比翼齐飞的存在。考古人员在长江下游做了一个对比研究，发现环太湖流域也有一个完整的水稻序列轴。

同饮江水，共事稼穑，各自从采集渔猎进入农耕时代，长江中下游及其周边地区的稻作农业，显现出一致的步伐与方向。距今5000年前后，中游风吹稻浪，收获丰盈，为古老的部落联盟奠定厚实的物质基础。

考古发现表明，浙江余杭良渚池中寺粮仓出土的炭化稻谷，有近20万千克之多。据推算，这些粮食储备，足够整个良渚古城的两万多人口食用近20天。而大规模的稻谷仓，在良渚遗址还多有发现。更引人关注的是，

稻谷记　061

良渚古城遗址池中寺粮仓

在良渚古城附近并没有古稻田。

浙江省文物考古研究所的科研人员，借助扇形植硅体密度分析法，在杭州余杭茅山遗址发现了良渚时期的古稻田。其后又在余姚施岙遗址，找到距今约6700年至4500年的大规模古稻田遗存，总面积达到惊人的90万平方米，约等于120多个标准足球场。

在金属工具尚未出现的良渚，面对如此规模庞大、布局严谨的稻田，先民们是使用何种农具耕耘的呢？

工欲善其事，必先利其器。犁，作为农业社会最常见的农具，被认为足以和工业时代的蒸汽机、电气时代的内燃机以及信息时代的计算机一样，成为时代的里程碑。出土于良渚时期的三角形石犁，看上去平淡无奇，然而，它如何使用，如何组装，又怎样变身良渚人手中的农耕利器？2003年，在同属良渚文化的浙江平湖庄桥坟遗址，一件完整器物的出土让石犁的面目变得清晰起来。

依托考古发现和三维技术，石犁的完整样式得以复原；当它与河姆渡时期的当家农具——耜相对比时，石犁的优越性不言自明。

耜，类似于后来的铁锹，要用它松土翻地，需要将其插入土层、单腿发力，再扬起。而石犁，只需要插入土层，便可拖拽前行，不需要频繁变换姿势，破土面由点状变为带状，日后还可以驱使大牲畜完成。犁的使用，让协作分工成为必需，让破土深耕成为可能，让耕作的精细化成为趋势。

考古学者根据140份土样植硅体密度的平均值，估算出当时每亩水稻的

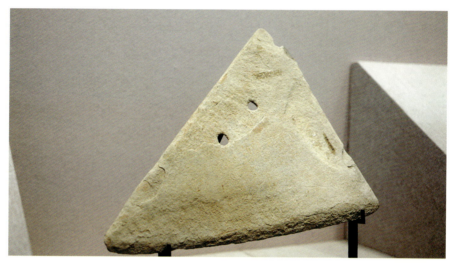

三角形石犁
良渚遗址出土

组合式分体石犁
庄桥坟遗址出土

稻谷记　063

产量是141千克，这个产量是7000年前河姆渡产量的两倍以上。

农业，滋养哺育人类至今，在良渚，它同样引导着蒙昧初开的先民，在稼穑中开始分工、管理、协作，在耕耘中一步步走向更为复杂的社会形态。

经过几轮卫星地图和现场勘探的反复比对，考古人员发现，良渚古城外围存在着一个由10余条堤坝构成的庞大水利系统，分为山前长堤、平原堤坝、谷口高坝几类，它们各司其职，高低错落，防洪灌溉，调节水系。整个水利系统的范围大概有100平方千米，库区面积相当于两个西湖，蓄水量相当于三个西湖。

从水坝到古城距离有10多千米，整个区块内要统一协调灌溉是一个复杂的社会工程，所以治水、水管理也被看作社会复杂化、文明起源的一种标志。良渚人治水的年代，比传说中的大禹治水还要早1000年。

"五谷者，万民之命，国之重宝。"回望5000多年前文明初始，先民推动石犁，播撒稻种；分工筑坝，协同造渠；开辟城邑，肇建古国……东亚早期的部落联盟与王权国家，在耕作里孕育，在收获中勃兴。

南北共飨

滚滚长江东逝水，从10000年前的上山到5000年前的良渚，一代代种稻的人，逝者如斯，一茬茬种下的稻青了又黄……在变与不变间，生发于稻谷的文明迎来"古国时代"。随着更多考古发现的揭晓，考古学者们注意到了一个现象：在全国多处彼此相距遥远的大型遗址中，都有稻谷的发现。

位于甘肃省庆阳市西峰区的南佐遗址，是仰韶文化晚期的大型聚落遗址，从20世纪80年代开始至今，已经进行过6次大规模挖掘，一座被黄土掩埋了约5000年的古国都邑正在徐徐现身。

南佐遗址考古发掘现场

南佐遗址土层中的炭化稻

南佐遗址由外及内先是两重环壕，环壕中央疑似筑有九座高台，高台中央是一座大型宫殿群建筑，宫城中央是主殿，主殿两旁是东、西侧殿。这种主次分明、中心对称的结构，显示出统一规划和严密设计。

南佐先民引起了考古人员的强烈兴趣。但是古代典籍中对南佐地区5000年前的记载不是流于传说，就是语焉不详。考古人员只能向黄土之下探寻更多线索。

当他们通过浮选法分析土壤中的植物遗存，试图找到南佐先民以何为生时，出乎所有人的意料，在干燥缺水的黄土高原，竟然发现了本应出现在湿地环境中的水稻遗存，目前已经鉴定出57万粒炭化稻！这些炭化稻就遗留在祭祀区的土层剖面里，肉眼可见。

南佐周围的区域都是种粟黍的，考古人员不敢肯定这些稻谷出自本地，因为庆阳虽然属于甘肃，但和陕西连在一起，往南是蓝田新街遗址，蓝田再往南，可以到汉中、商洛，然后是南阳，再延伸便可到长江中游地区。在发现炭化稻的祭祀区，还出土了大量器物，其中有一些与长江流域的器物十分相近。已知的证据似乎都在支持一种可能——早在有文字记载的年代之前，身处黄土高原与长江岸边的先民就已经知道了彼此的存在，并且开始了互动,南佐出土的稻谷极有可能"客自他乡"。果真如此,那将牵出一个距今5000年左右、南北交融、风云际会的时代。

而这也就意味着,在黄淮流域乃至北方的其他地区,同样会埋藏着有关稻谷的重要线索。

山东日照两城镇遗址,是距今约4600年龙山文化的一处重要遗存,东距黄海仅6千米。遗址总面积约100万平方米,考古发现了内、中、外三重环壕,并且在中圈有疑似夯筑城墙的痕迹。"国都"的中心地位,三重环壕的安全保障,能工巧匠的云集以及濒临海洋的地理优势,隐约描摹出一个距今4000多年"最具吸引力的城邑"。有多少人会被它吸引呢?按照现代人口结构推算,专家给出的数字是大约6000人。这引出一个问题,如此多的人口以何为生呢?

通常认为,中国早期农业有着分明的"南稻北粟"格局。甚至有很多人笃定,在西亚的小麦传入前,粟一直是中国北方无可争议的头牌主粮。然而,对两城镇遗址的样本分析中,却发现了炭化稻以及水稻植硅体的存在,并且在数量上丝毫不亚于甚至超过了粟。看来,两城镇先民栽培水稻,甚至以稻作农业为主的可能性是成立的。

山东日照两城镇遗址

按照专家推测，稻谷极有可能在5000年前甚至更早的时候，沿南北通道传至两城镇一带，此时正值大汶口文化中晚期。这就解释了为什么当大汶口文化传承到龙山文化时，两城镇先民能够熟稔掌握栽培稻技术，因为他们与水稻早已不是初见。

中国最早发现五谷齐聚的地方，是距今约3800年的二里头遗址——夏王朝的晚期都城。考古工作者在都城遗址的不同区域，分别发现了粟、黍、稻、小麦，还有大豆的炭化遗存。其中，只有稻是源自长江流域的谷物，它不仅出现在这里，而且数量异乎寻常地多。

先秦古籍《尚书·禹贡》中记载了夏王朝时期的"贡赋"标准，记有"四百里粟，五百里米"。洛河南岸大约2000米的地方就是二里头遗址，水路通过洛河或汝河、颍河，逐渐汇聚到二里头。如果按古籍所载推论，大量的稻米也许正是依托发达的水路，从长江流域以"贡赋"的形式运到都城。

通过对中原地区出土龙山时期和二里头时期的动植物标本研究、复原，当时的环境应该比现在温暖湿润，大概相当于亚热带气候，所以二里头周边的中原地区是适宜种植水稻的。

在二里头遗址周边，考古工作者还发现过很多与二里头同时期的小型聚落遗址。这些遗址大多有丰富的稻田遗存，而且有大量的农业工具。这至少暗示着，彼时的古人已经展开了成熟的农业生产，其中稻作占了很大比重，这极有可能保证了都城的"粮食安全"。

其实，不论二里头的稻米来自何方，它与其他四种谷物同时出现在夏王朝的都城，这本身就具有非比寻常的意义。"五谷丰登，庶事康宁，遐迩安固"，流传了千百年的古诗词，传递的是农为邦本、本固邦宁的思想理念。距今约4000年的农耕与社会发展，也印证着这一朴素哲理。

考古学家沿着稻谷的足迹一路追寻，大致为我们描摹了这样一幅图景——稻谷在距今8000年前后，向北传播到山东地区；距今7000年前后，传播到黄河中上游地区；距今6000年前后，向南传播到达岭南地区；距今5000年前后，向西沿着长江溯江而上，传播到成都平原……稻作起步于长江之畔，绽放在山海之间。稻谷从一粒杂草的种子，逐渐成为托起中华农耕文明半壁山河的主粮。

蛋壳黑陶杯

"黑如漆,明如镜,薄如纸,声如磬"——蛋壳黑陶杯,通体薄如蛋壳,吹弹可破,最薄处只有0.2毫米。这是来自4000多年前的人类杰作,即便是今天的工艺也很难仿制。在蛋壳黑陶杯最早出土的山东日照两城镇遗址,发现了大量炭化稻和水稻植硅体

炭化五谷
二里头遗址出土

中国之"中"、中华文明之"中",是宏大的、包罗万象的,它像黄河一样磅礴,像中原大地一样辽阔,像"宅兹中国"的古老铭文一样引人遐想。"中"所蕴藏的文化理念,从史前先民开始,一路接棒传递到我们手中。

河洛记

天地之中

以河洛地区为腹心的中原大地，曾经有一个意义深远的名字——"中州"，它是古"九州"之一"豫州"的别称，地处九州中心地带。从那时起，"中"字便与这片丰饶的土地紧密相连。时至今日，"中"依然是这里的人们常用的字眼。

如果要在自然地理中，为中国寻找一种视觉上的图腾，恐怕没有什么能比这条奔流着的大河更加恰当——起自青藏高原的黄河，流淌3000多千米后，在晋陕豫三省交界处急急转弯，画出"几"字形的最后一折，向东流去，并与它的重要支流洛河于河南巩义交汇。

人们习惯将黄河与洛河之间这片以洛阳盆地为中心的广大区域，称为"河洛"。这里是九曲黄河中下游的交汇地带，更是中华文明绵延演进的腹心地带。

人类早期文明，大多起源于河之畔。大河时而安静从容，时而冲动激昂。它冲击出沃土，哺育农桑稼穑，却又桀骜不驯，巨大的能量中暗藏水患危机。相形之下，以大河为最终依归的支流们，便温和可靠得多，滋养着人类生产生活，提供了相对稳定的环境。作为黄河中下游的主要支流，洛河所扮演的正是这样的角色。河洛这片广袤的区域，在温度、光照、降水、土壤、地形等各个方面，都最大限度地满足了先民生存和文明孕育的需要，成为一处繁衍生息的理想家园。

"仰韶文化"是中华文明史上一个不能忽视的名字，它是新石器时代考古的重要研究对象，因首先发现于河南省三门峡市渑池县仰韶村而得名，其

花瓣纹彩陶盆
三门峡庙底沟遗址出土

双旋纹彩陶盆
三门峡庙底沟遗址出土

> 用高倍放大镜观察彩陶上的花纹，纹饰的大小宽窄、颜料的浓淡明暗、填色的先后叠压、笔触的轻重锐钝，尽收眼底。"二方连续"的构图形式，是彩陶美学中最重要的研究内容之一，相关的审美认知，从6000多年前一直延续到今天。

存续时间大约在距今7000年至5000年间，主要分布于黄河中下游一带。作为分布地域广、持续时间长的史前文化，以彩陶为代表的仰韶文化，对于河洛地区乃至整个中国的文明进程，影响都十分深远。

6000多年前，仰韶文化进入中期阶段，以河南三门峡庙底沟遗址出土的彩陶为代表，是仰韶文化的鼎盛时期。

彩陶，是中华文明一体化进程中瑰丽而浪漫的符号，是以审美潮流为表征的文化认同的开始。以彩陶为标志的文化因素，形成了一次史前"艺术浪潮"，向四面八方影响扩散：东到海岱、西达甘青、南至长江、北抵燕山。这个范围，正是后来中国历史演进的核心区域，而河洛地区则是腹心地带。

庙底沟彩陶与一般陶器最大的不同，在于表面连续排列的花纹。无论是写实的鱼纹、鸟纹、花瓣纹，还是抽象的几何纹、旋纹，都是在纹饰带中使用一个或一组相同的基本图形，进行平均且有规律的排列组合，最终呈现一种首尾相接的闭环形式，似乎有意在有限空间内表达一种无限的理念。

这样的构图，被称为"二方连续"。在圆形的陶器表面上，如何平均分配空间，如何将落笔的起点与收笔的终点完美地重合在一起？这是对创作者极大的考验。后世推测，古人也许已经有了朴素的数学概念，可能会先用双手组成一个等边三角形，在陶器表面确定好三个等分面，再在每个等分面中，标记出更小的等分点。等到规划好全部空间分配后，再起笔绘画。

仰韶彩陶以质朴的色彩、别致的图案，讲述着这片土地上古老的故事。彩陶文化的发展，尤其是它背后的朴素的数学思想，在很大程度上也影响了河洛地区自身的文化。而说起河洛地区的文化，有两幅神秘的图案不能不提，这就是"河图洛书"。

《周易·系辞上》记载："河出图，洛出书，圣人则之。"到南宋时，理学大家朱熹在其易学著作《周易本义》中，第一次把"河图""洛书"单列出来，并将其图置于卷首。河图和洛书，是古人将数字予以图形化的神奇创造，其中，河图是数字1到10之间的对位排列，洛书则是数字1到9之间的组合变换。

相传，"河出图"是指上古伏羲氏治理天下时，今洛阳东北孟津区境内的黄河中浮出龙马，背负河图，献给伏羲，伏羲依此而演成八卦，后成为

《周易》的来源。因此,"一画开天"的伏羲,也被认为是开启华夏文明先河的人文始祖之一。

"洛出书"则是指大禹时代,今洛阳西边洛宁县境内的洛河中浮出神龟,背驮洛书,献给大禹,大禹参透其中玄机,依此治水成功,遂划天下为"冀、兖、青、徐、扬、荆、豫、梁、雍"九州,这在《尚书·禹贡》中有明确记载。"九州"是中国古人最早的地理认知和区域规划。其中指代中原地区的"豫州",因位于九州之中,后来也被称为"中州"。划定九州的大禹,还制定了治理国家的九种根本方法,名"洪范九畴",可谓是中国历史上古老的政治智慧之源。

即便现在对"河图洛书"的解读考证众说纷纭,但司马迁在《史记》里写到的"昔三代之君,皆在河洛之间",从已发掘的考古遗址来看,却是言之凿凿。

夏、商、周三代,都有都城坐落于这片黄河与洛水的交汇之地。而关于"中国"一词最早的文字记载,也与此地有着深厚渊源。在西周青铜器何尊腹底122字的铭文里,考古学家发现"宅兹中国"四个字,成为目前已

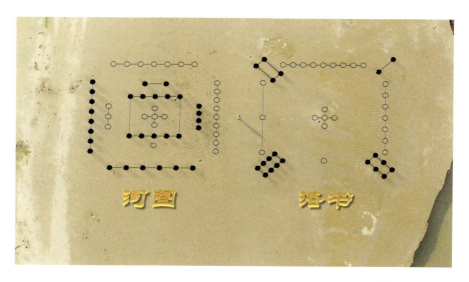

河图洛书中的数学奥义

河洛记 075

知"中国"一词最早的来源。这里的"中"是方位词，意指当时天下的中心；"宅兹中国"，就是说要"居住在天下国土的中央"。

领命"择中建都"的周公姬旦，首要任务是找到哪里才是"天地之中"。他选择了"圭表测影"的方法。据说，他在全国设置了五处圭表观测点，并以今天的登封阳城为中表。

河南登封观星台
位于河南省登封市告成镇嵩山脚下的阳城，相传曾是大禹的都城所在地。周王朝建立后，周武王认为嵩山是天室，曾在此祭天。时至今日，登封观星台还存有后世为纪念周公在此测影而建立的"周公测景台"

圭表测影的工具，由"圭"和"表"两部分组成。"圭"是标有尺寸的刻度板，"表"是用于显影的标杆，圭和表二者垂直连接，呈正南正北方向水平放置于地面。周公姬旦用圭表之法"测影立中"，在典籍《周礼·大司徒》中有明确记载，"以土圭之法测土深，正日景，以求地中"，标准是"日至之景，尺有五寸，谓之地中"。也就是说，在夏至日的正午时分，八尺圭表测得影长恰好是一尺五寸的地方，便是地中。

夏至日影长一尺五寸，也就是15寸，同样的地方，在冬至日的影长则是一丈三尺五寸，等同于135寸。为何必须是这两个数字，研究者们至今莫衷一是。但有一点非常巧合，135和15这两个数字，恰好与河图洛书上的数字有着奇妙对应。河图1到10数字之和为55，如果按照八尺圭表等于80寸计，正午日影长度正是圭表长度与河图加总数字之和。而洛书1到9的分布，无论横向、纵向还是斜向，三个数字相加都是15。

登封阳城的圭表，恰好符合这一日影标准，于是周公姬旦认定这一带就是"天下之中"。

因为阳城一带当时不具备营建大型都邑的条件，姬旦又派周召公到距离阳城一百多里的洛邑勘察地形，最终选定在洛河的支流瀍河两岸营建东都成周。至此，西周人心目中的天下之"中"，明确指向了嵩山至洛阳一带。最终，成周的选址定于洛阳。这与《尚书》《史记》等历史文献中的记载相互印证。

按照现在的科学认知，与阳城处于同一纬度的地方，在夏至日正午时分，都会呈现一尺五寸的影长。这也表明周公的测影技术，在当时已经非常成熟。

自西周之后，以河洛这片土地为中土、中州、中国的观念，越来越得到强化。古人执着求索的"天地之中"，有了更加明确的依归。从汉代至明清，一批寓意"中"的建筑，也出现在洛阳至登封一带。2010年，包括周公测景台、登封观星台在内的"天地之中"历史建筑群入选《世界遗产名录》。中国古人"天地之中"的传统宇宙观，作为历史文化遗产得到了国际社会的认可。

西周青铜器何尊
宝鸡贾村镇贾村西街出土
中国古代有"择中立国"的思想,要在天下中心地区选一个地方作为国都。何尊铭文就记述了这样一件事:武王灭商以后,要把都城迁到国家的中心地区,从这里来治理民众,正所谓"宅兹中国,自兹乂民"

沃土之上

在河南当地，有一种野草，农民叫它谷莠子，在谷子地中，它们昂着头，倔强地生长在颗粒饱满的谷穗中间。成语"良莠不齐"中喻指"坏"的"莠"，便是乡野间这种常见的狗尾草。这种野草，其实与中国农耕文明的发展演进相伴相生数千年，而且与养育河洛地区先民的粟，也就是俗称谷子的小米，有着颇为深厚的渊源。

古代中国，以"社稷"指代国本。"社"是土地之神，"稷"是谷物之神。东汉许慎编著的《说文解字》称"稷"为"五谷之长"。北魏贾思勰所著《齐民要术》中记载："谷，稷也，名粟。"所以稷又称"粟"，也就是现如今我

炭化粟
二里头遗址出土

河洛记

们所熟知的小米。

中国考古迄今发现最早的炭化粟遗存，出土于北京东胡林遗址，距今一万年左右。这表明，在以狩猎采集为主要生存方式的年代，先民就已经开始驯化野生狗尾草，最终培育出人工栽培的粟，并逐步在北方地区广泛种植。仰韶文化时期的河洛地区，就是以种植粟和黍这两种谷物为代表的旱作农业区。

其实，小米"粟"和俗称黄米的"黍"，只是河洛地区先民的主要粮食作物。在那个农业大发展的时期，这片沃土之上已经呈现出黍、稷、稻、豆、麦五谷丰登的雏形。

在距今约7000年至5000年的仰韶文化时期，除了黍和稷之外，水稻和大豆也相继出现在河洛地区多处聚落中。而到了距今约4500年至3800年前，源于西亚的小麦传入河洛地区，并在这里扎根。至此，传统意义上的五谷在河洛地区集结完毕。粟因为耐干旱和贫瘠，抗酸碱，在山区、丘陵地区都可种植，也易于储藏，粟的根茎叶还是良好的家养动物饲料，所以成为河洛地区最重要的农作物。

双槐树遗址，位于河南巩义，坐落在洛河与黄河交汇处南岸的台地上。它是迄今为止河洛地区发现的5000多年前规模最大的中心聚落。这一聚落

炭化稻
二里头遗址出土

080　寻古中国

的形成，离不开农业生产强有力的支撑。

中原地区的黄土台地，表层黄土疏松透气，非常适合旱作农业，在一些地势低平、水资源条件比较好的地方，也适合稻作农业。

在大概11000年前开始的全新世，气温比现在偏低一点，但一直在上升。到距今7000年至6000年前后，气温比现在偏高，是降水较多的时期，这一段气候温湿期，助推了农业的大发展。古中国范围内不同地区，均诞生了如璀璨繁星般的文化。河洛地区自然也是受益者之一，呈现出类似如今江南的面貌，河水水位普遍高于当下。岗地丘陵适于发展粟、黍等旱作农业，低矮的平原谷地则满足了稻作农业的需要，可谓五谷皆宜的宝地。

宜于耕作的黄土，多元化的地貌形态，再加上全新世大暖期的气候"神助攻"，使河洛地区的农业生产力在五六千年前实现了跨越式大发展。针对双槐树遗址的植物考古研究发现，当时农业生产已完全超越狩猎采集。浮选的大量炭化植物中，接近90%是农作物，以粟、黍为主，也有少量的水稻遗存。

距今4000年左右，全球发生了大规模的降温，接踵而来的是气候恶化、洪水频发。这一现象，恰与传说中的大禹治水，在时间点上相对应。《史记·夏本纪》记载："当帝尧之时，鸿水滔天，浩浩怀山襄陵，下民其忧。"尧命大禹的父亲鲧治水九年，但水患难息。大禹子承父业，开山导水，终于疏通九条大河，自此九州之内才得以安定。

考古专家认为，大禹治水就发生在龙山文化到二里头文化之间的历史阶段。考古发现这是洪水比较多的一个时期，4000多年前的这次气候恶化，使得中华大地上许多区域性的文化式微。但是，由于地形起伏，以河洛地区为核心的黄河中游地区是多品种农作物种植，洪水只影响了河谷地区，降温和降水减少对粟作农业的影响也不大。考古证实，在全球气候出现剧烈波动的时候，也正是中华文明形成的关键时期，五谷丰登式的农业生产模式，让河洛地区经受住了考验，迸发出绵延向前的勃勃生机。

较为发达的农业，改善了人体的营养摄入，却也带来了一些烦恼。郑州大学生物考古专家周亚威，通过双槐树遗址的骸骨研究发现，该遗址居民的龋齿患病率竟然达到了70%，相当于每10人中就有7人患有龋齿，患者中年龄最小的只有4岁。周亚威认为，当时龋齿多发和农业发展密切相关——

楔形石斧
二里头遗址出土

石刀
二里头遗址出土

> 河洛地区的先民已经学会了制作和使用各种农作工具，其中石斧用来砍伐，可能作开荒之用，石刀则用于掐穗。

双槐树聚落的居民大量食用粟、黍类作物，摄入食物的含糖量增高，从而导致龋齿高发。

周亚威对比研究了古代内蒙古地区和新疆地区的游牧人群与中原地区的农耕人群，发现农耕人群的龋齿率显著高于游牧人群。孙庄遗址、汪沟遗址、双槐树遗址人群的龋齿发病率都达70％以上。而彼时新疆地区的游牧人群，龋齿发病率只有10％左右，高的也不超过15％。

考古证据表明，河洛地区先民补充蛋白质的主要肉食，是通过驯化饲养家畜来获取的，其中最主要的就是家猪。

中国社会科学院考古研究所考古科技与实验研究中心副主任吕鹏介绍，通过研究出土猪骨遗骸，发现河洛地区早期阶段，家猪在哺乳动物种群当中所占的比例大概是20％到30％，到了距今5300年左右的仰韶文化中晚期，双槐树遗址当中家猪所占的比例已接近80％。这表示当时家猪饲养规模已相当庞大，饲养水平也相当高。

当然，河洛先民也在不断尝试驯养其他动物。距今约4500年至4000年前，家养黄牛和绵羊从西亚传入河洛地区；距今约3800年至3500年前的二里头文化时期，山羊也现身于河洛地区各聚落中。多处遗址发现的大量家畜遗骸，印证了当时河洛地区农业生产方式的进一步发展。人们用农业生产的副产品饲喂家畜，以获得稳定可持续的动物资源，进而实现了更加多元化的食物供给，也促使了人口的大量增加。

陶塑羊头与陶塑狗头
二里头遗址出土

匠心独运

河南省三门峡市庙底沟文化博物馆里，一块不大的彩陶片，静静地躺在展柜中。在这块陶片上，疑似指纹的细微发现，忽然将我们与史前先民的距离，从6000年时光缩短到毫厘之间。

也许是陶工手触泥胎，不经意留下的粘连痕迹；又或者，他本就是一位略带叛逆的"艺术家"，故意要在自己的作品上留下一抹印记，给后世一个惊叹。无论如何，经高温烧灼成形，这个专属于他的"签名"凝固了下来，被今天的我们寻到，犹如一场跨越数千年的心灵沟通。

河洛地区出土了大量陶器，总体来说可分为红陶和灰陶两种。

作为陶器家族的一员，小口尖底瓶的倩影，广泛出现于河洛地区各史前遗址中。曾有人认为，这种状似橄榄核、两头尖中间鼓的瓶子，是古人用来取水的器物。将它投入水中后，瓶身会先呈平躺姿态，随着水缓缓注入，瓶的重心发生变化，瓶身慢慢转为瓶口朝上的直立姿态。近年有研究者在小口尖底瓶的底部发现了残留物，经分析，可能跟酒有关，所以这种器物被认为是酒器。

河南洛阳诸葛水库遗址，也曾出土一件残存的小口尖底瓶，在它的口沿部位，明显可见垂直摩擦的痕迹。考古学家用苇管和陶片进行了实验，发现苇管的摩擦可以在陶器上产生同样的痕迹。今天中国西南地区的一些少数民族中，仍有用细竹管插入酒瓮中饮酒的"唾饮"风俗。河洛先民们，可能也是用一支支苇管插入小口尖底瓶中，来共享畅饮之乐的。

但这一饮酒方式，在仰韶晚期河洛地区的聚落中，伴随着一种新型酒具

指纹陶片
庙底沟遗址出土

彩陶葫芦瓶
青台遗址出土

陶鏊
青台遗址出土

盆形鼎
苏羊遗址出土

牙雕蚕
双槐树遗址出土
这件用野猪獠牙雕刻而成的蚕，厚度仅1毫米，却精准地捕捉和定格了蚕即将吐丝的动态

的问世，似乎发生了某种改变。

河南省荥阳市青台村的青台遗址，是一处距今五六千年、从仰韶文化中期一直延续到晚期的遗存。在青台遗址的一座单人墓葬中，考古学家发现了一件彩陶葫芦瓶。瓶身绘制的精美纹饰，彰显着墓主人非同一般的身份与地位。而更让人意想不到的是，这件器物还暗示着，墓主人生前可能是一位好酒之人。彩陶瓶中检测到带有酿酒损伤的淀粉粒，说明彩陶壶是盛酒的酒器，从容积看比较适用于一人独饮。考古专家据此推断，河洛先民们的饮酒方式，从"一瓶共享"逐渐演变为"分饮独酌"。

同样出土于河南荥阳青台遗址，距今约5000年，看上去像是"长着脚"的平底盘，最早出现时考古学家都不知其用途，而相同的器形，在河洛地区多处遗址中频繁现身。

郑州市文物考古研究院原院长张松林，在为这件器物定名的时候费了很大功夫，开始写成轮盘，但怎么想都觉得不对。直到1981年在荥阳青台遗址发掘的过程中，张松林发现类似的平底器表面有一块黏附的焦化物，才恍然大悟，原来这个表面才是正面。他由此联想到了铜鏊，于是豁然开朗——那是陶鏊。

其貌不扬的陶鏊，可能是最早的饼铛。《礼记注》云："中古未有釜、甑，释米捋肉，加于烧石之上而食之耳。"其中提到的"烧石"，便是用以烙焙食物的最原始厨具。陶鏊出现，接手了烧石的职责。后来，铜等金属材料的出现，又让陶鏊渐渐隐去了姓名。

除了陶鏊，还有一种"长着三只脚"的陶鼎，也曾在河洛地区流行。"一言九鼎""问鼎中原""革故鼎新""三足鼎立"，说到鼎，或许我们更加熟悉的是体形硕大、气质庄严的青铜鼎。但早期的鼎，用陶土捏塑成形，是先民架在火上做饭的锅。

出土于河南郑州裴李岗遗址的乳钉纹红陶鼎，距今约8000年，是迄今为止发现的时代最早的陶鼎。状似盆或罐的部分，用来盛装食物和汤水。底部的三只脚，既给柴火留足了发挥热度的空间，又完美地保持了稳定。

在此后两三千年间，带有三足的陶鼎慢慢由中原传至中国大部分地区，成为重要的器形之一。河洛地区的陶鼎不仅数量众多，还在本地和外来因素的融合中，衍生出新的变化。

陶鼎在河洛地区流传时间长、烧制技术成熟，也是社会稳定有序的体现。此后，鼎这一器形历经发展演变，改换材质，青铜鼎出现，并逐渐成为国之重器。

《礼记·礼运》有言："夫礼之初，始诸饮食。"礼仪规矩，是从像蔬食餐饭这样的日常生活中总结和提炼出来的。最早作为炊器的陶鼎，逐渐化为祭祖祀天的礼器，从普通的日用品发展为广域文化凝聚力的象征。鼎这一文化符号的背后，是绵延不绝的族群认同，是创造它的匠人们对文明的庄重献贡。

河洛地区留存至今的陶片上，不仅印有指纹，还能发现布纹，见证了纺织匠人的故事。麻和葛的植物纤维天生利于纺织，但粗糙暗淡的质感令先民不愿就此止步，对大自然的探索每天都在持续进行，直到一种小虫子的身影，吸引了纺织匠人的目光。

双槐树遗址出土的一枚用野猪獠牙雕刻而成的蚕，距今已5000余年。它昂着头、翘着尾巴，胸腹在用力，有那么一瞬间，感觉它似乎活了过来，在惬意地伸着懒腰、徐徐蠕动。古人所选取的造型，是很准确的蚕吐丝和即将吐丝的姿态，确切地说，它是家蚕的造型。家蚕，意味着驯化、饲养和有目的性的使用。其实，这并非考古学家第一次发现史前先民养蚕缫丝的证据。

1926年，半枚蚕茧在山西夏县西阴村被发现。那整齐的切口，似乎在无声讲述着，曾有一位好奇的古人用锋利的工具割开了它，想要一探究竟。在长江下游的河姆渡遗址，一个半球形象牙权杖顶上，雕饰着四只爬行中的蚕，栩栩如生、活灵活现。河南淅川、山西闻喜、河北正定等多个地点，也相继发掘出石制或陶制的蚕蛹。这些发现告诉我们，几千年前，先民便认识了蚕这种神奇的小生物，观察它们、刻画它们，以艺术的思维和技法为它们留影。

源自蚕的丝织品，埋入地下后易降解腐朽，想要捕捉它的芳踪，着实需要一点运气。庆幸的是，考古专家在距今约5500年的河南荥阳汪沟遗址瓮棺中，发现了一些结构比较疏松的团状物品，中国丝绸博物馆副研究馆员郑海玲所在的化学实验室，用酶联免疫技术对样品进行了检测，确定这些团状物品是蚕丝。

据郑海玲介绍，当时共清理了五具瓮棺，四具里面都发现了残留的丝织品，虽然均已炭化，但形貌还比较清楚，有团状的、平纹的，还有罗的。"罗"是一种纺织结构特殊的丝绸，织造过程中，纬线不动，经线左右互相

瓮棺清理现场

炭化丝织品
汪沟遗址出土

青台遗址

绞缠勾连，成品微观上呈现精巧别致的椒孔状，民间有"方孔曰纱，椒孔曰罗"的说法。这样的孔洞便于散热，使罗成为夏日凉衫的上佳选择。汪沟遗址发现的丝织品，是罗中织法最为复杂的"四经绞罗"，以四根经丝一组，左右相绞而形成，孔眼较大。

因为难度大、成本高，四经绞罗织造技术在晚清便逐渐失传。陕西扶风法门寺地宫曾经出土过唐代四经绞罗，文保专家花了一年多时间才得以修复。殊不知，早在5000多年前的河洛地区，先民们就已经掌握了这项高超的技艺。

如果说丝绸裹尸葬于瓮棺，是对逝者美好的祈愿，那么朴实无华的石器，则彰显生者对现世生活的不懈努力。

史前时期，几乎所有的人类活动都离不开石器。石斧和石凿是伐树和加工木头的好帮手，河洛地区的史前石匠们，大量制造这几类石器——用石斧在圆木上劈开一条裂缝，然后将石楔子楔入裂口，整根圆木分为两半。以此方法继续加工，取得许多更窄小的木料，就是古人盖房用的"木骨"。青台遗址中大大小小、或圆或方甚至呈三角形的坑，即是木骨存在过的痕迹。使用"木骨泥墙"可以在平地起建房屋，这种建筑相比更早期的地穴和半地

木骨泥墙的三角形柱洞

穴式房屋，能更好地通风、采光，大大提高了先民居住环境的舒适度。木构建筑也成为后世中国建筑着力发展并步步专精的重要类别。

"木骨泥墙"之外，还有一样技术也被用来制作墙壁——土坯砌筑。时至今日，中国一些地区还能见到土坯建造的房屋。早在5000多年前，青台遗址的先民就已经发明了这种工艺。青台遗址发掘的一座土坯房，土坯长度大概50厘米，宽度不足30厘米，应该是由模具拍打成形，晒干后砌墙。

河洛地区的史前匠人，用最朴素的材料，制作出领先于时代的精美造物，用无数次尝试和改进，传递着独属于这片土地的智慧。

聚落成邑

在双槐树遗址，考古人员勘探发掘出一个超大聚落，大小接近3个天安门广场；这个聚落拥有三重环壕，有排布整齐的大型宫殿式建筑群，还有专门规划的四处墓葬区。这是一个5000多年前的都邑性质的聚落，被认为是中华文明起源关键时期、关键地区的关键材料。

双槐树遗址有内、中、外三重大型环壕，内壕周长约1000米，中壕周长约1500米，外壕残长1600米，好似同心圆般层层嵌套，护佑着现存面积达117万平方米的双槐树古城。环壕兼具防御和排水两重功能，这样巨大的工程不仅需要精心规划，更要耗费大量人力物力。从横截面来看，双槐树的壕沟呈漏斗状。上宽下窄，上部是较为平缓的缓坡，下部坡度陡然增高，一旦敌人或野兽滚落沟底，便成瓮中之鳖。

外壕的东南、西南分别发现了一条道路；中壕的北部一条宽达10米的道路保存完好；内壕的东部发现了吊桥的痕迹，这样的吊桥在中壕和外壕也有发现。以吊桥为主，多条道路并存的出入格局，方便了聚落内居民出行。

抵御外敌，既需要聚落外部严密而科学的防御体系，也需要聚落内部形成团结强大的凝聚力。大型聚会就是联络聚落居民、增进团结的好办法，举办聚会的场所也必须面积宽广、坚固稳定。于是，"夯土版筑"这种建筑技法出现了。

夯土版筑，就是在夹板里面打夯。将一根根小圆木捆绑在一起，使其紧紧抱成一团，便成了集束棍夯。在地上竖立四块木板，中间填土，两人合力将集束棍夯举起、砸下，循环往复，普通的黄土就转化为坚硬牢固的建筑材

双槐树遗址壕沟

双槐树遗址夯土层

苏羊遗址房屋墙壁残留

料。夯实一版，木板撤开、加高，再夯下一版，夯土层层升高。版筑夯土，是先民一项伟大的技术发明。运用这项技术，双槐树遗址聚落内修建了一块长127米、宽41米，总面积达5300平方米的版筑夯土高地，虽然经过岁月严重侵蚀，但保存较好的夯土残留，依然有1.9米的惊人高度。

大约5300年前，双槐树先民就已经住上了经过细致粉刷的房屋。遗址内有一座内外四间的大套间，这样的套间在考古学上被称为"连间房"。房屋建筑在岁月的侵蚀下只剩断壁残垣，却也正好让我们能够发现它的巧妙之处——墙壁经过一层又一层粉刷，不仅坚固平整，而且光滑明亮。

江苏师范大学历史文化与旅游学院考古学副教授刘效彬研究发现，墙上的细泥抹灰里面掺杂着粟糠壳，一部分还掺有沙，并且大部分墙体是烧完以后再进行抹灰的。不仅如此，房屋内还有类似"水泥"的地面，铺设这种地面要用到烧过的料姜石做成的白灰。从肌理和材料配比看，这与后世的三合土比较相似，强度和现代的水泥差不多。

距今约6000年至4000年前的苏羊遗址，虽然规模不及双槐树遗址，但麻雀虽小，五脏俱全。这里的房址保存相对完好，精细的室内装修也让考古学者颇感意外。

铺架好的地基和墙壁，扛住了岁月的打磨，依稀能辨认出曾经的模样。层层涂抹的细泥和白灰依然清晰可见，这种被考古学者称为"白灰面"的物质被细细涂抹在墙壁上，就连最外侧也没有遗落。可以想象，屋主人每隔一段时间就要加以维护。白灰面隔绝了来自地底和外界的潮气，也让室内变得干净、明亮。虽然墙壁向内坍塌，但经过考古工作者简单清理，这座房址又清晰地展现在世人面前。

苏羊遗址编号为F4的房址，面积将近30平方米。房墙，包括隔墙、地面，圆形的灶都保存得非常好。灶旁出土的陶罐、砺石，让人不禁想到当年炊烟袅袅的温馨生活。苏羊先民的日子蒸蒸日上，人口也随之增加，连间房应运而生，可能是当时的"流行户型"。

随着人口变化和聚落规模的不断扩大，阶层也出现分化，一些有能力的首领脱颖而出；公共建筑的营建也有了更好的规划和组织。在双槐树遗址中心居住区的北部，发现了一座面积200多平方米的水池，深2—4米；近似椭圆的形状，透露出人工规划的意味。

此外，考古学者在双槐树遗址内还发现了一个祭祀坑，坑内不仅出土了完整的猪骨架，还有一件独特的彩陶罐，暗示着这里曾举行过一场祭祀活动。考古学者认为，这件历经沧桑的彩陶罐，应该是当时先民的祭祀用品。

距离陶罐出土地不远，编号为F12的大型房址，位于双槐树中心居住区，其房屋结构十分清晰，平面呈长方形，柱洞均匀齐整，面积之大在同期中心居住区内首屈一指。在这里，考古人员发掘清理出两具完整的动物骨架，其中一具麋鹿骨架格外引人注目，似乎与古老的奠基祭祀有关。

所有鹿的种类中，只有麋鹿的角是冬至开始脱落，冬至恰恰又是中国农历一年中很重要的节气，历朝历代的祭天之礼，往往是在冬至这天举行。所以考古学者猜测，居住或使用F12那座房子的人物，应该是沟通天地的首领。

首领的出现，暗示着阶级已经诞生。首领的房子不仅更大，距离水源更近，建房时还会举行特殊的奠基仪式。更重要的是，这片房屋被一道长达300多米的围墙与其他房屋隔开，围墙与内壕合围，形成了一片半月形封闭区域。围墙的入口还发现了疑似瓮城的结构，第一道门和第二道门是错位的。房屋具有一定的防御性，还具有一定的私密性。

鸟瞰双槐树遗址

　　从三重环壕到版筑夯土，从大型房址到分隔内外的瓮城，总览全局会发现，双槐树古城与同时期许多聚落相比，拥有与众不同的整体布局规划。

　　距离双槐树遗址200多千米的河南省灵宝市境内，坐落着年代距今约5500年的西坡遗址。考古结果表明，这里也曾是一座结构严谨、区划明晰的"城池"，面积达40万平方米。不同的是，西坡遗址中心区的礼仪性建筑群，四座大型公共建筑均朝向中心营造门道。这种向心式布局，凸显了中心广场的重要地位。

　　与西坡聚落不同，在双槐树古城，三层环壕内外合围，纵贯南北的布局上，瓮城和相连接的城墙，将聚落北部分割成更为安全的中心居址区，南侧的版筑夯土地基之上，两处围拢的院落独立明朗，分列东西。西侧的一号院落，从主体建筑残存高度看，可能为一处高台式建筑。东侧的二号院落，地上的柱洞密集如网，显现出建筑和规划的复杂，虽然二号院落的功能

考古学者正在清理人骨

尚无定论，但与一号院落同位于版筑夯土地基之上，二者体量相当，相映生辉。

中国社会科学院学部委员王巍认为，双槐树遗址最北边是高等级的建筑，为前后院落。南半部超大型上千平方米的建筑基址，东西并列，跟此前的西坡完全不一样。这种格局为后来中国古代的宫殿建筑的格局奠定了基础，后世都城的宫城常设在北部正中，前后几进院落在一个轴线上。

中轴线是中国城址营建的重要理念之一，并逐渐成为都城布局时首先考虑的主导因素。双槐树遗址发现的大型建筑群，已初见中国早期宫室建筑的特征，并为探索夏商周三代宫室制度及中国古代高台建筑的源头提供了重要材料。王巍认为，这个格局显示出当时权力阶层高度的社会分化。所以考古学界把双槐树遗址视为标志着河洛地区进入早期文明的一个重要研究对象。如果双槐树古城的营建规划是一种制度思想的萌芽，那么作为一处中心性聚落，其周围环布的大小遗址，似乎暗示着更广阔的思虑和谋划。

从双槐树遗址向东出发，不远就是青台遗址和汪沟遗址，再向东，西山遗址与点军台遗址等，构成更远的一道坚固防线，和双槐树遗址形成了相互拱卫之势。一系列仰韶文化晚期的城市，组成了5000多年前庞大而等级分明的"城市群"，代表着中原文明即将进入一个新的发展阶段。

中国人民大学历史学院考古文博系教授韩建业认为，这样一种中心聚落的出现，表示社会已经出现了严重分化，这种分化也意味着阶级的出现。

周亚威研究发现，双槐树人群的人种特征在黄河中游地区是有延续的，在之后的龙山文化、二里头文化中，都看到了双槐树人群的一些体貌特征。基因分析也显示，双槐树人和现代汉族具有更多相同的基因点位，所以，在那个时期以双槐树为代表的仰韶文化人群，就已经形成了现代汉族的初步体质特征。

兼收并蓄

河洛地区所在的中原文化区，被考古学者誉为中国史前文化"重瓣花朵"的花蕊。

5000多年前，在今天被人们称为中国的这片土地上，西辽河、黄河、长江各流域，区域性的文化犹如满天星斗，交相辉映。而陶器，则是各区域文化间交流往来的重要载体。

洛阳市宜阳县境内，洛河故道南岸，坐落着一个名为"苏羊"的小村落。相传，"苏羊"是因为一只被狼和豹追赶进古寨避难，昏倒后又苏醒的羊而得名。2021年，在这个充满故事的小村落，考古学家让沉睡了4000多年的史前遗址，重新苏醒。

距今约6000年至4000年的苏羊遗址，面积达60多万平方米，坐落在洛河南岸的二、三级台地上，背靠熊耳山，东西两侧被"狼沟"和"豹沟"两条自然冲沟环绕。依山傍水，便于防御；阶地平坦，利于耕种。在这里，发现了人工环壕、生活区、墓葬区、人工湖沼等重要遗迹，文化层堆积最厚达5米以上。

新石器时代，距今约10000年至4000年间，376处新石器时代文化遗址，如璀璨繁星点缀在洛河流域，苏羊遗址是洛阳盆地史前文化遗存分布最为密集的区域之一。此轮考古发掘，主要目的就是在中华文明探源工程框架下，对河洛地区的文明起源问题进行更为深入细致的研究阐释。

最新勘探成果表明，苏羊遗址是一处大型中心性聚落。苏羊遗址的陶器，前半段是以仰韶彩陶为主，到了距今5300年至4600年左右的后半段，

罐形鼎
苏羊遗址出土

小口高领罐
苏羊遗址出土

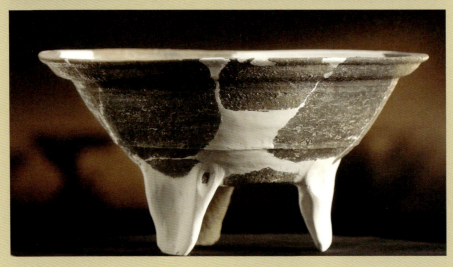

盆形鼎
苏羊遗址出土

长江中游屈家岭文化风格的陶器明显增多。

屈家岭文化距今约5300年至4500年，是兴盛于长江中游的史前文化，其遗址分布纵跨豫、鄂、湘三省，因首先在湖北省京山市屈家岭发现而得名。

仅在苏羊遗址的一个灰坑中，考古学家们就复原出了20多件非常典型的屈家岭文化风格的陶器，说明长江流域的屈家岭文化在那时已经传播到了黄河中游地区。苏羊遗址出土的陶器中，鼎类器物占比较大，流行口沿外侧有一圈捏塑花边的罐形鼎、宽扁足盆形鼎。罐领高直的小口高领罐也是遗址中常见的器皿之一。这些陶器形制，是鉴别判断是否为屈家岭文化的主要依据。

仰韶文化晚期开始，屈家岭文化表现出明显的北上趋势。可以推想，原本居于江汉平原的部分先民经历漫长跋涉，先到达南阳盆地，再向北穿越伏牛山、熊耳山，终至苏羊。

不仅"南风北渐"，来自东方的文化气息也在向西濡染。发源于东北地区西辽河流域的红山文化，与身居中原的河洛地区之间也有交流往来。位于辽宁省朝阳市的红山文化半拉山墓地，远在苏羊遗址1500千米之外，这里出土的石钺和兽首造型柄端饰，居然在苏羊遗址中找到了"孪生姊妹"。

半拉山墓地出土柄端饰的兽首长相颇为"憨萌"，它平齐的长吻中部，用一道凹沟雕出口唇，头两侧的耳朵轮廓圆缓，耳前横穿圆孔以作双目。柄端饰加工出榫头，可与石钺相组合成一把带柄石钺。2021年出土于苏羊遗址的兽首石雕，与半拉山墓地的极其相似：长、高均不足5厘米，双耳直立，耳郭圆润，一个对钻孔象征双眼。初步推测可能为权杖顶部构件。这样的石雕，在中原地区同时期遗址中是首次发现。

相隔千里的两件"同款"器物，均可能是权杖饰件，也就是一种权力的象征物。人们不禁猜想，当时的河洛地区和西辽河流域的部族首领间，或许存在着某种交往。

洛阳市考古研究院院长赵晓军认为，不论是来自北方上层思想意识方面的交流，还是南方长江流域文化器物的北扩，都表明这一时期苏羊遗址已经成为南北方文化的一个交点。这从另一个方面也证实了，早在5000多年前的仰韶文化晚期，河洛大地已经成为南北方文化交流的一个中心区域。

印证史前部族之间存在交往的，还不只这两件兽首石雕。

河南荥阳市青台遗址出土了一件涂有朱砂的石钺，虽然历经5000多年，依旧鲜红。象征着权力的石钺与代表信仰的朱砂结合在一起，让这件朱砂石钺充满了神秘色彩。

中华大地上的石钺，目前发现的年代最早的一件来自西部的陕西临潼芷阳遗址，距今7000年左右。但将用钺制度化的做法始于东部地区，以安徽凌家滩遗址最为突出典型。钺也是马家浜、崧泽、良渚等文化中常见的器物。河洛地区青台遗址朱砂石钺的出现，似乎暗示着来自东方的部族人群曾在此短暂停留，或者曾把钺传播到此。

兽首石雕
苏羊遗址出土

东汉许慎《说文解字》讲道，"戉，斧也"，向前追溯，商代甲骨文的"王"字，就是一把斧头倒悬的象形。及至西周，青铜器铭文中的"王"字，最下面一横呈弧形，两角微上翘，斧钺之刃的形态更为明确。可见，"王"即斧钺，斧钺即"王"，由生产工具斧发展而来的钺，终成王者的象征。

继石钺之后，还出现了玉钺，钺进一步从实用工具向礼仪用具跃升，并逐渐成为权威和地位的突出标志。

玉钺同样出现在青台遗址向西200多千米的西坡遗址。河南博物院院长马萧林曾主持西坡遗址的考古发掘，在他和团队发掘清理的34座大小墓葬中，玉钺的发现尤为引人注目。这里出土的13件玉钺，反映出东方的用钺传统，可能经过河洛地区的吸纳和过渡，进一步向周边地区进行了扩散和传播。

朱砂石钺
青台遗址出土

西坡遗址

灵宝西坡第6号墓出土的一件玉器上，有线切割的痕迹。在西坡遗址发掘之前，研究玉器的考古学家认为，黄河中游地区没有线切割技术，这件玉器的发现打破了这一认识。仰韶文化时期玉器的成组出土，在黄河中游地区极少见。这些玉器的加工工艺，以及玉钺作为大墓随葬品的现象，引发了考古学家的思考。马萧林认为，仰韶文化中期，正是各区域的文化大交流、大碰撞的重要阶段，西坡遗址随葬玉的习俗很可能受长江下游、黄河下游影响更大一些。

在西坡遗址，考古工作者还发现了一座高规格的大墓，面积接近17平方米。考古证据显示，墓主人为男性，35岁左右。李新伟介绍，通过对他的骨头同位素的分析，发现氮-15较多，应该是一个肉食者；他的胳膊、肋骨有骨折愈合痕迹，推测他曾参加打斗或战斗，应该是一个有能力的领导者。

这位墓主人的脚下散落着几件陶器，其中一对大口缸外形基本相似，腹部偏上部位有朱砂红色条带纹，缸内检测出水稻酿制的酒残留。通过淀粉粒分析，推测大缸里面曾经装过用红曲霉素染色的米酒，也就是一缸用米做的血红色的酒。当时庙底沟虽有稻米，但产量应该很少，这些酿酒用的米可能是从其他地方来的。

类似西坡遗址中这样的大口缸，在黄河下游的大汶口文化遗址和长江下游的崧泽文化遗址的大型墓葬中都有发现，成为那一时期文化交流的物证。

在西坡聚落的中心广场上，最宏伟的一座建筑占地达516平方米，室内净面积204平方米。这是迄今为止在仰韶文化庙底沟时期发现的面积最大、结构最复杂、规格最高的房屋基址。不难想象，西坡聚落的首领们，生前曾在这座广场上的建筑里，主持过一次又一次仪式活动，他们振臂呐喊、一呼百应，他们赐宴摆席，共饮那令人热血沸腾的红曲酒。

距今约6000年至5300年期间，是中国史前时代辉煌灿烂的转折期。像西坡大墓墓主一样的领导者，涌现于各地。他们重视彼此之间的交流，"惟德动天，无远弗届"。原始的宇宙观、器物的制作技术、权力的表达方式、丧葬和祭祀礼仪等当时最先进的文化精粹，成为他们交流互鉴的内容。

河洛，在这一文化交流网中位居中心地带，自然成为四方元素汇聚之地。而在文明体交融形成的过程中，碰撞也无可避免。

洛河与黄河交汇处，古时也称作洛汭，这个名字印证着典籍中"后羿代夏"的一段故事。《史记·夏本纪》载："夏后帝启崩，子帝太康立。帝太康失国，昆弟五人，须于洛汭，作五子之歌。"以后羿为首的一支东方部族夺取了太康的政权后，逃亡的夏王室有可能避居到了洛汭一带。

洛汭地区的花地嘴遗址，距今约3800年至3700年，其年代恰与后羿代夏时间段相吻合，有学者认为这里是夏朝王室曾经的一处聚落，考古学上将其归入新砦期，是早于二里头时期的遗址。这一时期，夏王朝政权遭逢动荡，一定程度上促进了又一次文化大交融，并最终催生了繁盛的二里头文化。

花地嘴遗址出土的一件墨玉牙璋，证明这里除了受到黄河下游地区的影响，还与其他地区发生过文化交流。

牙璋是中国古代礼制用玉"璋"的一种，被誉为"礼神之器"，《周礼·春官宗伯》记载"璋邸射以祀山川，以造赠宾客""牙璋以起军旅，以治兵守"。花地嘴遗址出土的墨玉牙璋，是用产自巩义市和登封交界处的一种本地玉料制作而成，但恰恰选择了墨色。墨色牙璋（或者玄色牙璋），是陕北石峁文化的典型特征，这让考古学者们做出了初步判断，这件墨玉牙璋可能是石峁文化传播的结果。此外，在花地嘴遗址还发现了大量石峁文化的陶器，这些证据充分说明，这里的部分文化元素来自石峁。

河洛记

新砦期墨玉牙璋
花地嘴遗址出土
这件牙璋制作工艺娴熟,形制规整,两端稍宽,中间略窄,首端凹弧,有双面刃,下端有一单面钻孔。考古学家认为,它具有浓厚的陕北石峁文化风格

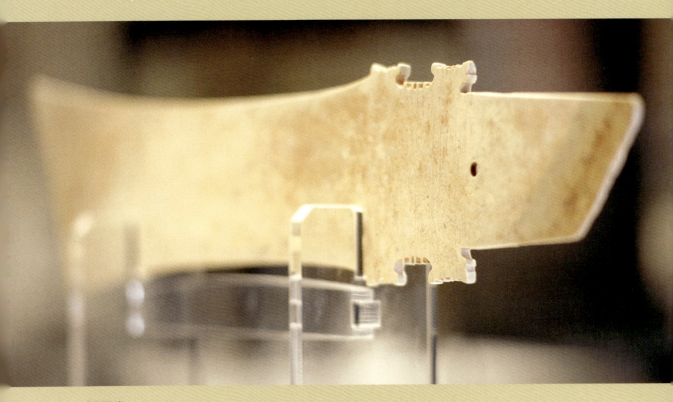

龙形牙璋
二里头遗址出土

在中华大地各大文化板块汇聚碰撞的洪流中,河洛地区汇聚沉淀、披沙沥金,兼收并蓄、厚积薄发,发展成为中华文明进程中的引领力量,为后来王城岗、二里头所代表的夏文化诞生与崛起,奠定了基础。在风云际会中,河洛地区诞生出第一个广域王朝国家,迎来中华文明逐步从多元走向一体的灿烂曙光。

赫赫夏

THE GREAT XIA CA

夏朝是载入史册的中国历史第一王朝。东汉的文字学家许慎在《说文解字》中这样解释"夏"字本义："中国之人也。"

寻 夏 记

夏都何在

西汉史学家司马迁在《史记·夏本纪》中记载，尧舜时代，洪水泛滥。禹历时13年，带领民众劈山开渠，导水入河，最终消除了水患。禹的贤能也得到舜的赏识，他被推举为继任者，这就是古代君王产生的一种方式——禅让制。大禹去世后，他的儿子启接掌了王权，中国历史延续数千年的世袭制王朝时代由此开启。《史记·夏本纪》还记载了从大禹治水至夏桀亡国共17位夏王的世袭传承。

数千年来，大禹和夏王朝的故事在中国深入人心，宋代王应麟编的蒙学教材《三字经》中就有"夏传子，家天下，四百载，迁夏社"。

然而，到了20世纪20年代，有些学者对史书中记载的夏代某些内容产生了不同程度的质疑。夏朝真实存在的实物证据在哪里？它创造过怎样的文明，得以让后世称为"第一王朝"？为了拨开历史的迷雾，中国考古人展开了长达一个世纪的寻访和探索。

山西省夏县，古称安邑，因有史料记载大禹曾在此建都，北魏时代的孝文帝便将其改称为"夏"。

1926年初春，一个头戴礼帽、身着长袍的年轻人骑着毛驴来到这里，他就是中国考古学的开创者和奠基人之一，李济。

在途经夏县西阴村时，李济意外发现一个叫灰土岭的土坡断崖上，夹杂着很多年代久远的陶片。他兴奋不已，果断决定在这里进行深入发掘。名不见经传的灰土岭，就这样成为中国人首次独立开展科学考古的发掘地。

1926年秋冬之际，李济带领村民在西阴村遗址紧张发掘了一个半月，收获颇丰。他们发现了有人工切割痕迹的半个蚕茧,这证明早在新石器时代,中国人就掌握了养蚕缫丝技术。西阴村遗址中还出土了为数不少的彩陶,从工艺到纹饰,与仰韶文化出土的彩陶颇为相似。这就启发了李济的学生徐中舒,徐中舒推测距今约7000年至5000年,以彩陶著称的仰韶文化是夏人创造的文化。

1928年10月底,在李济发掘西阴村遗址整整两年后,中国考古学家在河南安阳殷墟遗址的发现震撼了世界,这不仅改变了世界对中国历史的认

李济发掘西阴村遗址纪念碑

大口尊
河南偃师二里头遗址出土

陶爵
河南偃师二里头遗址出土

知,也为中国人的寻夏梦注入了信心。

殷墟是商朝晚期的都城遗址。这里出土的玉器、青铜器琳琅满目,可识别的甲骨文更是确切地证明了,中国古代文献里的"商朝"并非传说,《殷本纪》记录的历史是可信的。再将《史记》中《夏本纪》与《殷本纪》和《五帝本纪》比较,不难发现,《夏本纪》的详略程度、表述方式更接近于《殷本纪》。

现存最早记录夏朝的文献可追溯至周代,有学者据此认为,《夏本纪》是司马迁系统整理夏史后撰写的。司马迁在《太史公自序》中也说过,他为了准确编著《史记》,曾网罗天下史料,详加辨识,还实地探访过"禹穴"。所以,史学界认为《夏本纪》的记载可信度也比较高。

中国探索夏文化的开拓者与奠基人之一徐旭生,曾用三年时间,从卷帙浩繁的古籍史书中,将有关商晚期之前的历史记载全部摘录,通过分析比对,撰写出史学力作《中国古史的传说时代》。徐旭生甄选出了20多条有价值的历史信息,多番比较后,认为寻找夏朝要重点关注两个区域:一处是河南西部的洛阳平原,尤其是颍水上游的登封、禹县一带的中岳嵩山南北两侧,多部古籍记载夏人曾活动在这一地区;另一处是山西西南部的汾水下游,霍山以南,这里是西周时的晋国故地。《左传·定公四年》记载,西周初年,晋国首任国君唐叔虞被分封在夏朝故地,"分唐叔以大路、密须之鼓、阙巩、沽洗、怀姓九宗、职官五正"。在封地,他依然沿袭夏人风俗,启用夏朝政策,"命以《唐诰》,而封于夏虚(墟)。启以夏政,疆以戎索"。

1959年4月,71岁的徐旭生带领助手开始了寻夏之旅。按照古籍中的线索,徐旭生一行在河南登封、禹州等地,先后发现了王城岗、石羊关、阎寨、谷水河四处新石器时代文化遗址。

5月中旬,考古调查行将结束时,徐旭生临时决定顺路到河南偃师进行调查。偃师二里头村位于洛阳盆地东部,伊河、洛河分别从村子南北穿流而过。徐旭生在二里头村待了一个下午,在村南大约500米一个水塘的旁边,发现了第一片陶片,随后又发现了更多胎体较薄、绳纹细密的泥质灰陶片。

二里头的发现很快引起了学术界关注。1959年秋,赵芝荃担任首任队长,带领二里头考古队在这里展开了正式挖掘。拨开厚厚的泥土,惊喜接踵

河南偃师二里头铸铜作坊遗址

而至。考古队员发现了一些铜渣和铸铜所用的陶范残片,这引导考古学家找到了中国迄今所知最早的青铜冶铸遗址。

更为重大的发现是两处大型宫殿遗迹,它们占地面积分别达到10000平方米和4200平方米。据测算,仅营建10000平方米的"一号宫殿",夯实填平1米高的夯土台基,就需要1000名劳力费时约200天才能完成,这足以证明当时社会强大的组织动员力。

如果二里头遗址曾是一座古代都城,那么,这座颇具规模的宫殿会是夏朝君王的居所吗?徐旭生在《1959年夏豫西调查"夏墟"的初步报告》中曾提出,二里头遗址"在当时实为一大都会,为商汤都城的可能性很不小"。

史料记载,夏朝曾在二里头遗址所在的洛阳盆地建都,并且说都邑的名字叫斟鄩。但《汉书·地理志》注中又有"尸乡,殷汤所都"的说法。尸乡是偃师的古称,殷汤则是商朝开国君主商汤。在历史深处的迷雾里,二里头遗址到底是商汤的都城还是夏都斟鄩?

20世纪70年代,随着考古学家对二里头遗址的深入发掘,学术界对这里有了更为充分的认识。二里头遗址存续200多年,多数专家认为,遗址前期属于夏朝,晚期则是商汤的都城亳。

一个王朝的端倪,从来不止于一处可窥见。

1977年11月18日,来自全国32家单位的100多位考古工作者齐聚登封,一场学术会议再次将二里头遗址推到了聚光灯下。在这次会上,安金槐先生介绍了1977年告成遗址小城的发现,赵芝荃先生介绍了二里头的发掘。

起初,会议进行得十分顺利。但就在会议即将结束时,北京大学教授邹衡突然提出了一个让寻夏之旅峰回路转的"爆炸式"观点:二里头不是亳都,郑州商城是亳都;二里头是夏都。这个极具颠覆性的观点一提出,与会者都非常惊讶。

邹衡在登封会议上洋洋洒洒讲了6个小时,仍没能说服认为二里头遗址是商朝都城的学者。随后几十年,学者们围绕二里头遗址的时代问题展开了激烈的讨论。据不完全统计,参与者有上千人,公开发表的学术文章就有2500多篇。迄今为止,还没有哪个考古学问题讨论的火热程度、参与人数之多、讨论时间之长有超过夏文化探索的,堪称一大奇观。

要揭开二里头姓"夏"还是姓"商"的历史谜团,更具说服力的考古发掘依然是破解之道。

1983年3月,中国社会科学院考古研究所汉魏洛阳故城考古队,在配合偃师首阳山发电厂进行选址勘察时,偶然探测到几段城墙遗址。随后,一座占地面积200多万平方米的宏伟王城重见天日。

经研究测定,这座王城营建于二里头遗址存续年代的最后一个时期,出土文物有明显的商早期文化特征。相比于二里头遗址,偃师商城更有可能是《汉书·地理志》记载的第一位商王商汤营建的都城。更令人惊叹的是,这里距二里头遗址仅有短短的6千米。

王巍认为,二里头遗址虽然也有商的元素,但主体是夏人的元素。如果不是推翻了夏王朝,夏王不会允许商人在距离自己这么近的地方建城,所以夏商周断代工程,就把偃师商城始建作为夏王朝灭亡、商王朝建立的一个界标。

河南偃师二里头遗址

二里头遗址并非商汤王都，这大大增加了它是夏都的可能性。到20世纪90年代，学术界已普遍认为，二里头遗址就是中国考古人寻梦已久的夏朝王都。从1959年徐旭生发现二里头遗址开始，半个多世纪过去了，这座中国最早的王城依然在为我们带来惊喜。

2019年开始，考古发掘发现，宫城南北的两条东西向道路，分别向东向西延伸，道路的两边都有跟宫城北墙南墙垂直或平行的夯土墙，这是非常严谨、规整的网格式布局结构。也就是说，距今约3800年时，夏人营建了这座面积足有400多座标准足球场大小的宏伟都城。在这里，道路和墙垣把都城分为多个方正规整的网格区域，显示出夏朝社会结构层次分明、等级有序，更暗示当时已有成熟发达的统治制度和模式，这是二里头进入王朝国家的最重要标志。

贯通都城的中轴带，彰显了国家最高权力，更影响了后世王朝的都城形制。

王城正北的祭祀区，寄托着夏人的精神与信仰。正南，如同今天的"科技产业园",考古学家发现了中国迄今所知最古老的青铜铸造作坊和绿松石器加工作坊。

王城的核心,是10.8万平方米的王室重地,虽然面积仅有北京故宫的七分之一,却被考古专家形象地比喻为"幼年紫禁城"。

东汉的文字学家许慎在《说文解字》中解释"夏"字本义是"中国之人也"。一代又一代考古人接续寻找,发掘并确认了二里头这个夏都遗址,并通过都邑推定的方法实证了夏王朝真实的历史存在。

二里头遗址是夏朝历史的终结之处,却是考古人对夏文化探索的一个起点和序章。

夏迹寻踪

中岳嵩山南麓万岁峰下,有一座叫启母阙的汉阙,距今已有1900多年。它曾经立在夏启母亲的庙前,这座汉阙上刻着大禹化身为熊的图案和讲述大禹治水故事的铭文。当地百姓相信,大禹和夏部落曾经生活在这里。

早在比东汉启母阙更古老的先秦,就有人认为嵩山是夏王朝的发源地。成书于东周时期的《国语·周语》记载,"其在有虞,有崇伯鲧",意思是说,大禹的父亲鲧被封为崇伯,而崇指的就是嵩山。

河南登封启母阙

启母阙（局部）

中岳嵩山南麓万岁峰下的汉阙距今已有 1900 多年的历史了，它的名字叫启母阙。阙高 3.17 米，曾立于夏启母亲的庙前。在这座汉阙上刻着大禹化身为熊的图案和讲述大禹治水故事的铭文。当地的百姓相信大禹和夏部落就曾经生活在这里。

偃师二里头遗址距离嵩山仅仅40千米。挺拔俊秀的嵩山南麓,潺潺溪流汇聚成一条流淌着历史与传说的河流——颍河。

从2020年开始,河南省文物考古研究院副院长梁法伟带领团队围绕颍河流域展开了新一轮考古调查。因为颍河流域,特别是颍河中上游,也是夏文化分布的一个中心区域,尤其是早期夏文化。这一轮调查,就是希望梳理清楚流域内究竟有多少夏文化时期的遗址。

调查结果显示,颍河流域已被发现的夏文化遗址有100多处,新发现的有十几处,都是距今约4000年龙山晚期到距今约3800年至3500年二里头时期的遗址。

除新遗址的发现,考古工作者也没有忽视对已知遗址的复查。距今4000多年的台王遗址发现于1986年。起初,人们以为它的面积仅有1万多平方米。但考古队员在复查时发现,台王遗址的面积可能至少有30万平方米,这使它一跃成为中型聚落遗址,其价值也变得非同一般。

在颍河中上游地区已经发现的100多处夏代遗址中,台王遗址大致相当于一座夏代早期的中型城市,那么,统辖这片土地的早期夏都又会在哪里呢?

地处嵩山东南麓的河南登封,是一处让中国考古人深信不疑的"有夏之居"。1975年,考古学者安金槐带队来到登封,试图寻找二里头文化的起源地。这里是1959年徐旭生先生认为寻找夏朝要重点关注的两个区域的另一处。

《孟子》曾记载,舜去世后,禹曾谦让王位,为此避世居住在阳城。东汉时有学者注释阳城所在的位置是"箕山之阴,皆嵩山下深谷中"。嵩山的南边、箕山的北边,登封王城岗遗址恰好坐落在文献描述的这片山间盆地,位于颍河与其支流五渡河的交汇处。

1977年夏天,王城岗遗址发现城池遗迹,主体使用年代距今约4100年,与夏朝起始年代大致相符。当时考古队除了发现王城岗遗址以外,还在五渡河东边发现了战国的阳城,而且在城里出土的陶器上发现了"阳城仓器"铭文。

陶器
阳城遗址出土
这件陶器的底部刻有"阳城仓器"字样,提供了"禹居阳城"
位于王城岗遗址所在的山间盆地的实物证据

从地图上看,王城岗遗址与战国阳城遗址仅一河之隔。它们之间很可能存在着某种联系。

显然,王城岗遗址是夏代早期一处高等级聚落。2002年,考古工作者们再次对王城岗遗址进行了发掘,一座34.8万平方米的夏代早期城池显露在世人面前。完整的王城岗城址由三座城池组成,东西并列的两座小城营建后不久,大城始建。城中出土了玉器、绿松石器等一批高等级文物。不过,王城岗城址的面积34.8万平方米,在同时期的城址遗迹中并不算突出,说是大禹的都城,似乎有些局促。

离开登封王城岗遗址,沿颍河顺流而下约40千米,就是河南禹州。史书记载,"夏居河南,初在阳城,后居阳翟"。阳翟就位于今天的禹州,并且是有史书记载的大禹首封之地。

瓦店遗址坐落在禹州西北、颍河西南岸的一处台地上。遗址几乎全部掩埋于现代村庄下,发掘环境有些受限,但经过40多年的持续探索,考古工作者大致摸清了瓦店遗址的情况——主体使用年代距今约4000年，稍晚于王城岗遗址，但总面积比王城岗遗址大了3倍，超过了100万平方米，更像一座都城的规模。

从阳城到阳翟，大禹为何要迁都？古籍文献没有留下记载。但在瓦店遗址出土的文物中，考古人员找到了线索。

从考古材料上看，王城岗的文化面貌较为单一，瓦店则体现出多元文化的汇聚现象。

自古以来，河流就是人类交通往来最便捷的通道之一。发源自嵩山的颍河一路向东向南，注入淮河，成为中原腹地连接东部和南部地区的文化通道。或许正是因为颍河，瓦店遗址才有了多种文化的交汇，大禹才带领夏人走出嵩山，开创一代王朝。

王城岗遗址在山间盆地中，因为有山阻隔，向周围的发展不是很方便，但是通过河流走到禹州以后，就没有山川的阻隔，向南发展或者是对东南经营都更方便。

瓦店的祭祀遗迹是当时的重要活动遗迹，祭祀区面积800多平方米，是中原地区迄今发现保存最完好的夏代祭祀遗址之一。后世典籍中很多语焉不详的祭祀形式，或许能在这里找到源头。一块红烧土，很可能跟当时燎祭有关；动物的牙齿、骨头以及大量的螺，可能与祭祀活动以后的宴飨有关。通过螺壳和动物骨头的多少，就能大致推算出当年夏人在瓦店遗址的祭祀规模。这个祭祀的遗迹使用了至少200年左右，祭祀规模一开始比较小，后来越来越大。

在瓦店遗址出土的众多文物中，有9件陶鼎引人注目。它们依大小排列有序，并且都出自同一个窖藏坑，有专家推测这或许就是列鼎制度的历史源头。根据周礼，天子享九鼎，诸侯七鼎，大夫五鼎，士则为三鼎或一鼎。九鼎象征着至高无上的王权。史书记载，夏启继位后，曾召集各地部落首领献祭神灵，并"大飨诸侯于钧台"，以此向天下昭示王权。所以瓦店遗址很可能跟文献里记的禹和启有关。

燎祭后的红烧土，是否见过夏王告慰祖先、祈福上天的虔诚？宴飨后的螺壳中，回响的可是四方部落首领对夏王的拥戴和赞颂？今天，我们已无法

玉虎首
河南禹州瓦店遗址出土

红陶鸟
河南禹州瓦店遗址出土

瓦店遗址出土器物的等级比较高、比较精美,可能属于当时的权贵阶层。上图通高4厘米的玉虎首,雕工精致,线条细腻,对比看来,它与湖北江汉平原石家河遗址出土的玉虎首颇为相似;另一件红陶陶塑虽有破损,却掩盖不住它的生动姿态,而这种鸟的造型,正是山东龙山文化的代表。

陶鼎（九件）
河南禹州瓦店遗址出土

考证。不过，从王城岗遗址到瓦店遗址，考古工作者们孜孜不倦的探索，已经为我们勾勒出夏代早期的文化面貌。

3900多年前，一支东方部落西进中原，在颍河以北的双洎河畔，与生活在那里的夏人相遇。河南新密新砦遗址，就是这支东方部落与夏人相遇的地方。自20世纪70年代开始，考古工作者在新砦遗址展开多次发掘，截止到目前，新砦遗址已经发现了城址、大型宫殿，面积达到100万平方米；出土有铜器、玉器和陶器，其中陶器的规格形制比较高，器类比较精美。由此可见，新砦遗址不是一个普通的聚落遗址，可能是一个王都。

令所有考古工作者感到兴奋的是，这里发现了龙山文化、新砦文化、二里头文化的"文化三叠层"。

新砦遗址主体使用年代在距今约3900年至3800年间，历史存续期恰好与二里头文化诞生时间相衔接。有趣的是，就在这百年间，新砦突然刮起了一股来自东方的"流行风"。此前中原地区文化遗址也出土过蕴含东方元素的文物，但数量和质量都远不及新砦遗址。当地突然出现了比较多的文化元素，是不是跟"后羿代夏"有关，引发了考古学家们的一些推测。

侧装三足鼎
河南新密新砦遗址出土

子母口鼎
河南新密新砦遗址出土
宛若翅膀的鼎耳,形似鱼鳍的鼎足,子母口设计巧妙,盖上盖子,看起来严丝合缝。这种兼具美感与实用的设计,是山东龙山文化的典型样式。此前中原地区文化遗址也出土过蕴含东方元素的文物,但数量和质量都远不及新砦遗址

古文献记载，夏启的儿子太康在位时，荒淫无度，不理朝政，被来自东夷部落的后羿趁机夺权。古本《竹书纪年》说，这是"无王"的时代，《史记·夏本纪》中则称为"太康失国"。后羿篡位后，太康的母亲和五个兄弟逃到洛河，在岸边等待他的归来。偃师二里头遗址就坐落在嵩山北侧的洛河之滨。有文献记载，这里生活着一支名叫"斟鄩"的夏人部落，夏代的君王太康也曾定都此地，二里头遗址因此有了另一个名字——斟鄩。

今天的考古发现还无法将文献记载中的夏朝历史一一印证。但从王城岗遗址、瓦店遗址、新砦遗址到二里头遗址，我们逐步窥见夏朝470多年的发展历程。

夏朝先民用200多年的时间，兼容并蓄，广泛吸收周边文化，最终缔造出东亚大陆第一座深具王朝气象的大型都邑。

今天，考古学界将以二里头遗址为代表的文化遗存命名为二里头文化。二里头遗址傲立在洛河岸边的高地上，俯视着千里沃野与奔腾不息的河流。各地文化在这里交流融汇，这里的礼制传统又向八方辐射散播，中原地区的文明化进程驶上了快车道。

山西省运城市夏县东下冯遗址，距偃师二里头遗址200多千米。这里也出现了很多与二里头遗址相同或者相近的文物遗存，考古学界将其命名为二里头文化东下冯类型。除了东下冯遗址，考古工作者在河南、山西、陕西、安徽、湖北等省，还陆续发现近800处二里头文化遗存。它们是华夏第一王朝控制范围的考古实证。

陶鬲
山西夏县东下冯遗址出土

夏禾丰裕

2020年4月,山西省考古研究院华夏文明研究所副所长崔俊俊接到了一项紧急任务:带领一支考古队,即刻前往位于山西省运城市的稷山县。当地工人在修建一座体育场时意外发现了一些陶器残片,一座古代聚落由此重现人间。

稷山县有一座稷王庙,里面供奉着"农神"后稷,相传后稷曾经在这里教授百姓种植五谷。而先秦典籍中记载,后稷是尧舜时代掌管农业的官员,曾经辅助大禹治水,向百姓发放种子,以便恢复生产。

稷山县位于山西南部,在历史文献中,多有晋南地区为"夏墟"的记载。考古工作者在山西南部陆续发现了东下冯大型聚落、西吴壁冶铜遗址等遗存。因此有专家认为,山西南部是河南之外,最重要的夏文化分布区。

崔俊俊到稷山县发掘的是东渠遗址,此地距二里头遗址有200多千米,根据出土陶器判断,东渠遗址的年代属于夏晚期。与许多夏文化遗迹相比,面积仅有约1000平方米的东渠遗址只能算作一个小聚落,但崔俊俊和同事们却收获颇丰,他们先后发现了地下窑洞式建筑和43座古人用来倾倒垃圾或储存生活用品的灰坑。

在整理灰坑出土的众多陶器时,崔俊俊意外发现一个陶鬲里面有一些食物残留。紧接着,东渠遗址中出土了25.6万粒种子。山西省考古研究院的植物考古学者魏娜,对这些种子进行了筛选和对比分析,发现其中农作物种子占94%。历经3500多年历史冲刷,这些种子已经炭化成1毫米大的黑色颗粒;用电子显微镜放大20倍后仔细观察,魏娜发现了很多胚区呈U形的种

供奉着"农神"后稷的山西运城稷山县稷王庙

子。胚区呈U形是粟的特点,粟就是今天常见的小米。经过筛选,魏娜发现20多万粒粮食种子中,粟的占比高达98%。

距今约1万年,被人类驯化后,粟和黍成为中国北方旱作农业最主要的粮食作物。以粟为代表的谷类作物,耐寒耐旱,适宜在黄土高原种植。正如古代农谚所说,"只有青山干死竹,未见地里旱死粟"。

农业是人类文明诞生的重要基础,但在只能靠天吃饭的远古时代,气候环境的改变,可能让一段文明走向衰落。有环境考古学家认为,古籍中的大禹治水,很可能就源于一次全球性气候波动。距今6000年至4000年间,地球曾进入过一次小冰期。那时,全球气温下降,降水分布不均,洪水、干旱等极端天气时刻威胁着人类文明。

世界文化遗产良渚遗址,地处浙江杭州。早在5000多年前,生活在多水环境的良渚人就创造了高度发达的古代文明,但在延续了1000多年后,

寻夏记 129

陶鬲（局部）
稷山东渠遗址出土
在其中一件陶鬲的足跟，考古学者发现了一些痕迹，
可能是当时炊煮食物时产生的类似锅巴的食物残留

也因气候环境剧变，走向衰落。所以，有考古学者认为，正是有了更适应极端天气的粟，才让中华文明度过了4000年前那场全球性气候危机，在古老的中原大地保留下文明的火种，为中国历史第一王朝夏的崛起打下了基础。

小米在黄土地上滋养了一个王朝，充满智慧的夏人也在这里找到了居住之道。2023年4月，在东渠遗址东南60多千米的夏县东下冯村，东下冯考古队在遗址内"回"字形环壕两侧，发现了大量窑洞遗址，其中有一座至今保存完好。

晋南地区黄土层堆积深厚，土质紧密，抗压抗震。夏人也因地制宜，就地建造窑洞和地坑院，冬暖夏凉，十分宜居，由此可见夏朝先民的生活智慧。在这座地坑院中，考古队员还发现了很多夏人使用过的陶器。

沿着东下冯遗址一路向东南，翻越中条山，跨过滚滚黄河，便是夏文化的中心区洛阳盆地。从夏朝晚期都邑二里头遗址出土的文物遗存，可以看到夏人饮食生活中的另一面。

2018年8月，考古人员从二里头遗址出土的陶器中，提取到酒液残留物，对里面的植硅体检测显示，当时用得最多的酿酒原料是稻米。今天的中国，南北方气候差异显著，北方寒冷干旱，南方温暖湿润，分别适种粟黍和水稻。洛阳盆地地处中国北方，3000多年前二里头夏人酿酒所用的稻米从何而来？考古人员在二里头时期的文化地层中提取土样，用浮选法提取其中

山西稷山东渠遗址

山西夏县东下冯遗址

的细微遗存，一些炭化的植物种子浮出了水面。科研人员对提取的5万多粒植物种子进行了鉴别筛选，结果发现有1.3万余粒炭化粟，但同时也发现了将近1.5万粒炭化稻米。二里头遗址的水稻比例竟然超过了粟！

除了数量庞大的稻米，在遗址里面还发现了大量稻谷的基盘，稻谷基盘是连接谷粒和稻秆之间的部分，会在人工脱粒的过程中脱落。这种代表了人类农业活动的植物遗存，在二里头遗址中，有近万粒之多。这很大程度上说明，先人应该是在遗址或遗址周边进行稻谷的脱粒和脱壳，那么应该有不少稻谷就是在遗址周边种植的。植物考古专家认为，在洛阳盆地一些低洼多水的地区，除了传统的北方作物粟，种植水稻并非没有可能。

司马迁在《史记·夏本纪》中曾记载，大禹治水时，命令益向民众分发稻种，并教导民众在低洼潮湿的地方种植。

在二里头遗址，考古专家不仅发现了水稻和粟，还有黍、小麦、大豆等植物种子，真可谓五谷齐备。食物上更多样的选择，使他们能从容面对自然气候

象鼻盉
河南偃师二里头遗址出土
二里头夏都遗址博物馆的象鼻盉，是夏代众多酒器中的一员。早在3000多年前的二里头文化时期，夏人的酒器就已经实现"全家福"，酿、盛、斟、饮，可谓功能齐备，仪式感十足

的变化。有了生存发展必需的粮食保障,也进一步推动了二里头文化的崛起。

农业生产的需要,还催生出了中国现存最早的农事历书——《夏小正》。西汉时,《夏小正》被编入《大戴礼记》,这部历书在后世多有增补修改,但因其记录的农时与二里头遗址所在的洛阳地区甚为相近,有专家认为,它的历史溯源很可能不晚于夏代。

古代中国的天文历法知识,在夏代之前就有积累。位于山西襄汾的陶寺遗址,历史年代比二里头遗址还要早四五百年。2003年,考古工作者在此发掘出了迄今所知世界上最早的观象台。通过复原和观测日出光线发现,当年的陶寺人至少知道四个节气,尤其是春分和秋分,与今天当地人春播秋收的时间多有吻合。

在中国古代,观象授时一直是国家管理农业生产必不可少的政务。越来越多证据表明,二里头文化时期,夏人能够根据天象变化合理安排农业生产,从而防灾避损,提高农作物产量,使整个王朝年丰时稔,仓箱可期。

距二里头遗址约300千米的河南省周口市,历史上属于夏文化区域。2019年4月,人们意外发现了一处不同寻常的时庄夏代遗址。时庄遗址面积约10万平方米,29座大小不一的圆形建筑的痕迹错落分布,每座建筑的中心和周边还有若干直径在半米至一米间的土墩,相连成环。时庄遗址考古项目负责人曹艳朋,曾用两年时间排除各种推测,复原出了遗址的面貌。

整体看来,一座座圆形房屋的遗迹,表明这里应该是一处人类聚落。然而,让考古人员不解的是,遗址中很少能找到人类生活的痕迹,也没有任何祭祀品残留。

曹艳朋决定跳出遗址本身,从地理环境入手。在对遗址周边进行大范围勘探后,他发现4000年前这里曾被沼泽湿地包围。曹艳朋提取了圆形建筑遗迹里的土样,送到实验室一探究竟。结果发现,土壤中粟和黍的植硅体含量非常高,基本判定,这里是先民存放粟和黍的地方。曹艳朋很快勾勒出这些圆形建筑的样貌和结构:4000年前,时庄人在垫高的台地上,首先垒砌土墩,然后铺垫木板作为仓底,再以土坯砖围砌一周形成仓壁,最后封顶。曹艳朋推测,这是夏朝时期的粮仓,先民们之所以这样建造,与当时多水潮湿的环境有关。粮仓遗迹被夯土围墙包围,种种迹象表明,时庄遗址是一个面

河南周口淮阳时庄遗址

积超过5000平方米的"粮仓城"。专家估算，这里至少可以存储50吨粮食。

《史记·夏本纪》中提到，从虞舜、夏禹时代开始，包括粮食在内的进贡纳赋制度已经完备。如果按照汉代较轻的赋税三十税一计算，以时庄粮仓的储量，如要填满，需要收储周围超过30平方千米范围内的税收粮食。

时庄粮仓背后所体现的社会分工，为考古学家走近夏朝推开了另一扇大门。2021年，考古队在王城岗遗址发现的一座12平方米的石器作坊遗迹，同样体现了夏朝精细的社会分工。通过发掘，考古人员惊讶地发现这个作坊只生产一种石器，就是石凿，因为在作坊里发现了很多石料、石坯半成品和少量成品。

夏禾丰裕为夏王朝的蓬勃发展提供了不竭动力，使社会分工变得愈加清晰，也更为精细。二里头时期，一部分夏人已无须整日在农田耕作，他们在都邑开始从事不同的工作，故而二里头遗址中，发现了青铜、绿松石、陶器等不同的手工作坊遗址。

一个大规模人力集中的城市，需要有粮食保证众多从事手工业、冶炼各行业人的食用。重新审视这座占地300多万平方米的大型都邑，便不难得知，它一定对粮食生产和管理有着非同一般的巨大需求。随着社会分工的细化，整个都邑逐渐形成了分区治理的布局，城市中心被划分成宫殿区、围垣作坊区、祭祀活动区和贵族聚居区等不同功能区。这种分区治理的方式，有效提升了城市管理效率，促进了手工业发展，为夏王朝的繁荣夯实了基础。

华夏青铜

二里头遗址出土的各类文物，大部分珍藏在二里头夏都遗址博物馆。作为青铜冶金领域的专家，中国社会科学院考古研究所研究员刘煜长期以来致力于金属技术史研究，对二里头遗址出土的几件青铜器非常熟悉。刘煜说，二里头青铜礼器的发现，为了解青铜工艺是如何开始、如何发展的，提供了大量的信息，同时也为青铜器的发展史，为中国文明史的追根溯源，提供了重要的依据。

目前已知，中国发现的最早的青铜器距今约5000年，出土于甘肃临夏回族自治州东乡族自治县林家遗址。在一些距今4000多年的遗址中，也出土过青铜刀、青铜镜、青铜齿轮形器等器物。但直到考古学家在二里头遗址发现了铸铜作坊和青铜礼器，人们才找到了中国青铜文化的坐标。

二里头铸铜作坊的面积大概有2万平方米，是目前已知中国最早的铸铜作坊。二里头遗址出土有18件铸造别致的青铜容器，包括14件爵、2件斝、1件盉和1件鼎。这里出土的戈、斧、箭镞等青铜兵器，是迄今所知中国最早的青铜礼兵器。这些当时稀有的青铜兵器刃部较钝，显然是祭祀礼器与彰显身份地位和军事权威的仪仗用器。这里还出土了迄今所知中国最早的一个鼎——网格纹鼎。它看上去不算精致繁复，大小也无法与商周时期的巨型青铜鼎比，但无论是赫赫有名的后母戊大方鼎还是大盂鼎，都得叫它"前辈"。

在围墙、壕沟拱卫的青铜铸造作坊内，有烘烤陶范的陶窑、浇铸场地，还有工匠住房，区域分工十分明确。范铸法是铜器时代中国特有的铸造技

网格纹鼎
河南偃师二里头遗址出土
通高20厘米,最大直径15.3厘米,是众多青铜鼎的"前辈"

乳钉纹铜爵
河南偃师二里头遗址出土
这是迄今发现的中国最古老的青铜容器之一,被誉为"华夏第一爵"。高26.5厘米,长31.5厘米,长流,尖尾,束腰平底,三足细长,飘逸舒展,造型极具浪漫感

山西闻喜千金耙采矿遗址外部环境

术,陶范分范、设计,这些基本规范在二里头时期都已经形成了。但是,铜料从哪里来?二里头遗址地处的洛阳盆地以东,并不是铜矿产地。

北京科技大学冶金与材料史研究所教授李延祥的足迹遍布全国近300处古代采矿冶炼遗址,他试图通过考古调查、同位素分析、微量元素示踪的办法,系统梳理中国青铜时代冶金产业格局,并解开二里头铜矿原料的来源之谜。中条山有东周以后战国汉唐的许多冶炼遗址,于是这里吸引了他的目光。

2010年到2011年,国家博物馆和山西省考古研究所对中条山地区进行了四次考古调查,发现大量采矿遗址和文物遗存,其中,一种采矿工具的发现引起了考古学者的重视,那就是亚腰形石锤。这是一种比较典型的、经常出现在矿山遗址的采矿工具。2012年到2013年,国家博物馆研究员李刚带队,对中条山采矿遗址进行了考古发掘,清理出采矿竖井、斜井、平巷、灶、灰坑等遗迹,这就是山西省闻喜县玉坡村千金耙采铜遗址。

经过两年的考古发掘,千金耙遗址出土了大量陶器残片。其中有少量夏代之前和夏初的方格纹、篮纹陶器,绝大多数则属于夏商之交,此外还有一些东周时期的陶片。考古学者据此推测,从龙山文化时期到夏商周三代,千金耙都存在铜矿开采的活动。直到今天,中条山依然是中国重要的产铜基地,累计探明铜储量330多万吨。

以当时的生产力水平，要将大量铜矿石从中条山运到200多千米外的二里头，绝非易事。

从千金耙采铜遗址出发，沿着中条山北麓向西前行20多千米，考古学家发现了一处重要的夏商遗址——东下冯遗址。通过考古遗存对比，考古学家发现东下冯遗址与二里头遗址有诸多共性，且基本属于同一时期，因而东下冯文化被称为二里头文化东下冯类型。

在东下冯遗址，考古工作者不仅发现了铜炼渣、铜矿石，还发现了木炭；木炭既是冶铜的燃料，也是冶铜过程中的氧化剂。这些发现表明，东下冯遗址在夏晚期，冶铜已有一定规模。无独有偶，2019年考古工作者在千金耙与东下冯之间的山西绛县西吴壁遗址，也发现了夏朝晚期制备冶铜燃料的木炭窑，以及与大量铜矿冶炼相关的坩埚、石锤、石砧、炉壁、铜渣等冶铜遗存。

于是，一条古径将中条山铜矿和夏都二里头连接了起来。它由西向东，从今天的山西绛县小盆地东南冷口入山，经横岭关进入垣曲小盆地，再经蒲掌、邵原、王屋，过轵关至河南的济源，渡过黄河便到达了洛阳盆地。

有学者推测，夏人首先从中条山开采铜矿石，随后运到附近的西吴壁和东下冯进行冶炼，除铸造一些小型青铜器外，大量冶炼加工好的铜锭经由轵关陉运往洛阳盆地，在那里，夏都的铸铜作坊，已经准备就绪。

艰难的铜料获取，复杂的铸造工艺，注定了青铜器作为那个时代的奢侈品属性，能掌握这一切的人必然拥有崇高的声望和权力。这正是青铜器主人社会身份与等级的象征。

二里头发现较多的酒器礼器，既有青铜的，也有陶制的。青铜酒礼器主要见于规模比较大、高规格陪葬品比较多的墓葬里。在夏朝金字塔式的等级社会中，青铜酒器是特殊的存在。那时，饮酒是王公贵族的特权，也是宫廷礼仪的重要内容。由稀有贵金属青铜制成的以青铜爵为代表的酒器，自然也成为社会地位和身份的象征。随着青铜礼器呈现出全面替代陶礼器的趋势，青铜爵、青铜斝、青铜盉等酒器便开始成为新的礼器组合。

这些青铜礼器以其尊贵性和稀有性，使礼仪制度具象化；再辅以青铜兵器的威严，夏朝统治者构建出最初的王朝国家，用青铜奠定"以礼治国"的

铜炼渣
山西夏县东下冯遗址出土

山西绛县西吴壁遗址木炭窑

亚腰形石锤
山西闻喜县千金耙采铜遗址出土

寻夏记

基石，就此拉开了中国古代青铜礼乐文明的序幕。

不过，青铜文明并没有让夏朝永续不衰。公元前1600年前后，夏王朝的统治出现了危机，商汤举兵攻夏。鸣条之战后，存续400多年的夏王朝断送在夏桀手中。商人占领了夏都二里头，昔日恢宏的宫殿被无情地摧毁，青铜铸造作坊却被完整保存了下来。在充分吸收夏人的青铜铸造技术后，商人在郑州商城和偃师商城建立了自己的青铜作坊。至商代后期，已经能铸造出后母戊鼎这样的"国之重器"。

商代子申父己铜鼎
洛阳伊川县出土

商代后母戊大方鼎
河南安阳武官村出土

商代兽面纹大圆鼎

夏礼赓续

公元前1038年,周成王五年,伊洛盆地的荒野之上,迎来了久违的喧嚣,一支周朝大军风尘仆仆地来到这里,寻找夏朝的记忆。当他们的首领周公旦踏上这片旷古之地,夏朝已亡国近500年,但这些周人依然内心虔诚地祷告,小心翼翼地占卜,希望用这种方式得到上天的应许,让来自西北高原的周人在夏墟之上建立一座崭新的都城。

然而,就在几年前,周人已经在镐京建立了自己的都城。镐京,位于今天的陕西西安,距洛阳300多千米。刚刚实现天下统一,国力尚不充盈的周王朝,为何要如此急迫地在夏都故地营建新都呢?

周公旦率王师浩浩荡荡开往夏末故都时,另一位名叫何的周朝贵族铸造了一件青铜宝尊,也许是出于对国家初创的喜悦,在宝尊底部,他记述了周人营建东都的历史史实。在这寥寥百余字的青铜铭文中,何用一句话道出了周人营建都邑的真正原因,那就是"宅兹中国,自兹乂民"。

"宅兹中国",这是迄今为止发现的最早关于"中国"的记载。它表明,在周人心中,国家的中心并不是本国都城镐京,而是那座已废弃数百年之久的夏朝王城。似乎只有占据了那里,他们才能更好地统治整个国家。周人关于"宅兹中国"的目标是如此笃定,显然不是临时起意,而是满载他们对那片土地乃是"天下之中"的情感认同。

位于二里头遗址东北约6千米的偃师商城遗址,与夏都二里头的城市布局有着异曲同工之处。方正的宫城外廓、排列有序的夯土基址群、明确的功能分区,这一切都显示了商人对夏文明的继承。

更深远的影响来自二里头遗址的宫殿基址。由殿堂、庭院、廊庑、大门组成的1号和2号宫殿，与《尚书·顾命》中西周典祀提及的建筑布局高度一致。这些大型宫殿，不仅具有至高无上的国家政权象征意义，更是夏王在此召集下属从事政务、举行宫廷礼仪的"朝廷"所在。自夏而起，从商至周，虽朝代更迭，这样的宫廷礼制却一直延续下去，为历代王朝所继承。

也许，正是基于"天下之中"的观念，从商周开始，及至汉魏、隋唐，也都曾建都于此。而夏人为后世所奠定的这个中心并不仅仅限于王都的中央地理位置，它更见于那些我们这个民族传承了几千年的文化内核之中。

2002年，二里头遗址墓葬区一件大型绿松石龙形器的出土，吸引了全世界的目光。

龙的形象在漫长的历史长河中林林总总，若隐若现，但大多数龙的模样都离不开蛇与其他不同动物的糅合。在广袤的华夏大地，万物生灵中为何只有蛇能得到先民如此不约而同的崇拜呢？

谜团即将在这件绿松石龙形器身上得到破解。乍一看，这件绿松石龙形器的形象与蛇无异；但仔细观察，却发现它有鼻梁和鼻头，显然，世界上任何一种蛇都没有这个特征。有这样的特征，像极了人。

更多的线索隐藏在鼻梁中间，两段用白玉雕刻的短柱是蝉形玉柱。在夏人看来，蝉有翅膀，会飞，而龙的飞行能力就来自蝉。似蛇像人也如蝉，它或许就是夏人脑海中的龙。包括人类在内，世界上大多数动物死去时，只会留下一具腐烂的尸体，而蛇和蝉则不同。蛇在生长过程中会蜕去旧的躯壳，这种躯壳不易腐烂，从躯壳中脱出的还是一个更加鲜活、更加强大的生命体。蝉的蜕变更令人惊奇。一只蛰伏地下数年的蝉，一旦蜕去躯壳，不仅会长出新的肉体，还生出了能飞向高处的翅膀。这些自然现象，让夏朝先民产生了无限崇拜。将它们捏合起来，赋予其永生和飞天的美好寄托，夏文化中龙的概念或许就是如此产生的。

这件龙形器由 2000 多片形状各异的绿松石片拼接而成,十二组菱形图案象征着龙的鳞纹。蜷曲的尾巴,由绿松石和白玉组成的鼻子和眼睛,更是栩栩如生,颇有几分龙的威严。

绿松石龙形器
河南偃师二里头遗址墓葬区出土

二里头精美绝伦的绿松石龙形器，到底是做什么用的呢？有人说它是权杖的表面，也有人说它是旗帜的装饰。如果把它与埋藏在它身边的青铜响铃一道读解，那么这应该是一套祭祀用的礼器。

儒家五经之一的《尚书》曾记载，庙堂与祭祀始于夏朝，这是礼的开端。如果说二里头绿松石龙形器与青铜响铃的组合，是礼乐制度与青铜器在夏朝晚期的初次融合，那在此之前，与夏人所使用的类似的玉石礼器在夏文化分布区域内的广泛传播则说明，礼的观念已经得到了普遍认同。

牙璋是玉石礼器的一种，早期主要用于山川祭祀。二里头文化时期，牙璋逐渐成为宫廷礼仪中的礼器，是君臣关系和国家秩序的体现。作为探索夏朝史迹的信物，牙璋是具有说服力的考古实证。追踪二里头文化牙璋在各地的出土，让考古学家们备感兴奋。

在距离洛阳1000多千米的四川广汉，三星堆遗址的遗存中仍然能够找到与二里头文物有惊人相似度的器物，如同款陶盉、绿松石铜牌。三星堆文化不仅与二里头文化距离遥远，而且比二里头时期要晚几百年。

牙璋
河南偃师二里头遗址出土

于是，当我们俯瞰二里头文化所触达的范围时，便会惊讶地发现，它早已不限于与邻近地域的松散交流，而是大范围地向外扩散。作为二里头文化重要礼器的陶酒器，在兴盛期可北达燕山夏家店下层文化，南及由浙江到四川的长江流域，东至大海，西抵黄河上游的甘肃、青海一带。由此可见，以礼为核心的夏文化具有强大的生命力和穿透力。

青铜时代，除了制造兵器，华夏先民将当时最珍贵的材料——青铜，几乎全部献给了上天和祖先。而后世王朝通过对夏朝青铜礼器的传承与发展，将夏人开创的礼乐制度不断提升为更加完善的国家政治制度。

2023年3月初，中国北方依然春寒料峭。在中条山北麓，距洛阳200多千米外的山西夏县，东下冯遗址的例行考古发掘工作已经展开。来自山西省考古研究院的考古人员要赶在中条山雨季洪水到来前完成这里的发掘。

青铜铃
河南偃师二里头遗址出土

很快，一个3800年前的史前聚落出现在人们面前。窑洞、水井、粮仓、陶器，甚至冶炼青铜的灰渣都见证着这里曾经发达的文明。随着发掘工作的深入，突然出现的四具人类遗骨让领队崔俊俊把其他工作停了下来，他敏锐地意识到，这一发现将为中国科技考古发展提供一次难得的契机。

如果今天中国人基因的大数据与夏人基因高度重合，我们将不仅能够从基因生物学角度证明中华文明的连续性，也能利用这一数据复原中华祖先的容貌。

在复旦大学分子考古实验室，科研人员小心翼翼地从一颗牙齿髓腔内提取生物组织，他们要从这些生物组织中提取夏朝东下冯人遗骨的DNA。这些组织经过数千年的自然降解和与周围环境的物质交换，留下的基因信息已经微乎其微。经过一个多月的反复试验，东下冯人遗骨DNA的测试终于有了结果。结果表明，这具遗骨的基因与现代中国人的基因近似度高达90%以上。这说明，3800年前夏王朝统治区域的人类正是今天中国人的祖先。

而后，复旦大学科技考古研究院副教授文少卿带队，根据夏人遗骨结合基因大数据，复原了一位夏朝女性的容貌。她穿越3800年的时空，向今人讲述夏人创造中华文明的故事，也回答了萦绕在每一个中国人心中长久以来的疑问——我们究竟从何而来。

无数年青灯黄卷,几代人皓首穷经,在一次次寻古探源中,让曾经眉目模糊的古蜀先人,展现出生动表情。他们在曾经的"蛮荒之地"改造山河,汲取远方的文化滋养,令四塞之地成为西南之长。

古蜀记

古蜀之源

史籍浩瀚如烟,有关古蜀的记述却寥若晨星。

《华阳国志》记载:"有蜀侯蚕丛,其目纵,始称王。""其目纵"的描述,让人不禁联想起三星堆著名的青铜纵目面具,因此第一代蜀王蚕丛引发了人们更多的想象。写下不朽名篇《蜀道难》的唐代诗人李白也曾慨叹:"蚕丛及鱼凫,开国何茫然!"人们想象中的古蜀大地,是一个人神与共的洪荒世界。

《蜀王本纪》和《华阳国志》都说,蚕丛氏始居岷山石室中。今四川省阿坝藏族羌族自治州叠溪镇,相传蚕丛始居的岷山石室,就位于它周围的连绵群山中,蚕丛部族在此兴起,死后也归葬于此。这里除了和蚕陵有关之外,还有很多与蚕字相关的地名,如蚕崖关、蚕崖山。叠溪镇南部,有一个生活着1300多人的蚕丛村。世代居住于此的人们,一代代口口相传,说自己是蚕丛山人、蚕丛人,祖先是以养蚕为生;说蚕丛王有千里眼,他的眼睛和耳朵能通神。

关于第一代蜀王的传说已无从考证,但从2000年开始,在叠溪镇以南大约60千米外的营盘山台地,考古人员发掘出了长江上游地区文化内涵最为丰富的新石器时代大型中心聚落。

三面环江的营盘山,比岷江河谷高出约160米,面积近15万平方米。这里既远离水患威胁,又便于渔猎生产,显然是远古先民繁衍栖息的理想之所。

考古队在营盘山遗址进行了5次发掘,发现了6座房屋遗迹、9座人祭坑、3座陶窑,出土了数千件陶器、石器以及骨器等,丰富的遗迹、遗物,生动地展示了古蜀先民大约5000年前社会活动的方方面面。

在所有的出土遗存里，最让人惊喜的，是一件小巧精致的灰陶塑人面像。双眼凹陷、鼻梁高挺、双唇紧抿，仔细观察会发现它与甘肃省秦安县大地湾遗址出土的一件非常有名的小口尖底瓶的造型非常相似。两地相距几百千米，却出现了年代相近又如此相似的陶塑艺术品，背后一定有其文化和历史的意蕴。

陶塑人面像
四川茂县营盘山遗址出土
这是一件5000年前的陶塑艺术珍品，也是四川地区目前发现的年代最早的一件陶塑艺术品

四川茂县营盘山遗址的人祭坑

更大的发现来自营盘山遗址的9座人祭坑，也许通过这些人骨，可以揭开古蜀人的神秘面纱。因为这是探讨古蜀先民体质人类学特征最直接的实证材料。

当年，成都文物考古研究院研究馆员陈剑只能用传统的方式，根据保存相对完好的颅骨，像拼图一样复原古蜀先民的容貌。陈剑做了非常精细的测量，随后对人头骨的面部表情以及它的特征进行了具体的实物化复原。结果显示，颧骨比较凸出，是一种比较典型的古西北人种的特征。

想通过考古实证溯源古蜀先民从何而来的不只有陈剑。四川大学考古科学中心副教授原海兵通过碳同位素技术，分析营盘山遗址出土的牙齿，从中了解古蜀先民的食物来源。原海兵对牙齿进行序列采样，然后再进行各年龄段的稳定同位素分析。结果显示，约5000年前，营盘山先民们的主食，主要是北方旱作农业的粟、黍。这种饮食习惯，与西北甘肃、青海等地马家窑文化出土的食物遗存所显示的情况高度趋同。

原海兵对营盘山遗址中骸骨的人种鉴定，成为营盘山先民从何而来的重要证据。原海兵将构建出来的营盘山先民形态，与古中原类型、古华北类型、古华南类型、古东北类型和古西北类型都进行了比较，发现同古西北类

营盘山先民生活景象模拟图

型的人最为相似。

无独有偶,陈剑从营盘山遗址出土的大量彩陶碎片中,也发现了这里与马家窑文化千丝万缕的联系。

马家窑文化,以发现于甘肃省临洮县的马家窑村而得名,是5000多年前,从黄河中游地区向西传播,在甘肃、青海等地发展成熟的彩陶文化。

面目相近的陶塑人像,风格类同的彩绘花纹,基本一致的主食作物,相似的人种鉴定,一系列考古实证,使我们找到了古蜀先民的来路——距今5000多年,马家窑文化先民从西北甘肃、青海等地南迁到岷江上游,在今天四川茂县营盘山,与当地原住民一道,创造了营盘山文化。

古蜀文明的第一缕曙光在这里点亮了苍茫群山。先民们以粟、黍为主食,用彩陶和细泥红陶器储藏食物,以穿孔石刀耕作土壤,用琢磨石器捕捞狩猎。营盘山文化,为探索古蜀文明的起源、史前黄河文明与长江文明的交流互动提供了实物证据。

然而,大约4600年前,营盘山突然间被古蜀先民废弃。他们离开了生活了几百年的家园。

西南大学地理科学学院教授杨勋林和他的团队,通过技术手段解码石

古蜀记

笋，希望从气候变化的角度解读营盘山聚落的衰落原因。杨勋林对川渝地区的石笋氧同位素比值进行了测试，研究分析出在距今6000年至4000年间，随着全球气候巨变，西南地区的气候转向湿冷和干旱。正是那次席卷北半球的气温骤降，使高耸的营盘山不再适宜人类居住，先民们不得不离开川西高原，另寻他处。

古蜀先民下山后，将会踏入广阔的成都平原。然而，5000年前的成都平原，丛林密布，湖沼遍野，并不适合人类居住。

什邡市博物馆内一件夹砂红陶质地的侈口深腹陶罐，成为考古工作者了解营盘山先民去往何处的关键证据。这件出土于四川什邡桂圆桥遗址的陶罐，绳纹布满整个器身，这种器形在营盘山比较常见——这就使桂圆桥遗址与营盘山遗址产生了关联。经过碳-14测年，桂圆桥遗址成为成都平原地区目前发现的年代最早的新石器时代遗址，它为探寻这里的古蜀文化源头提供了重要线索。

即便如此，营盘山与桂圆桥间到底横亘着壮美的龙门山脉，古蜀先民是如何从营盘山迁徙来到桂圆桥的？考古专家们有两种推测：一是从营盘山沿岷江河谷迁徙，到达成都平原的都江堰；二是直接翻越龙门山脉，由此到达今天桂圆桥遗址的范围。

来自西北地区的马家窑文化人群，与川西高原的本地原住民，在一次次迁徙中融合，共同创造了早期的古蜀文明。

初来乍到，在这片广袤的平原上，或许先民们没有想到，还有一个更加强大的对手，在威胁着所有人的生存。

侈口深腹陶罐
四川什邡桂圆桥遗址出土

彩陶双耳罐
四川茂县营盘山遗址出土

悠悠宝墩

从1995年开始，以今天的成都市为中心，方圆100千米范围内，陆续确认了8座新石器时代史前古城遗址。它们分别是宝墩古城、郫县古城、温江鱼凫村古城、都江堰芒城、崇州双河古城和紫竹古城，以及大邑县的盐店古城和高山古城。这8座古城从距今约4500年延续至距今约3700年，其中，宝墩古城发现最早，因此，以宝墩为代表的8座古城及周围众多大小聚落遗址，被称为"宝墩文化"。

2003年春天，正在成都以西大邑县附近开展调查的考古人员，偶然听说当地有一座民间俗称"古城埂"的村落值得一探。

到达现场后，两条垂直相交的土埂吸引了考古人员的注意，成都平原是一个冲积平原，土台、土墩、土梗，都应该跟人工营建行为有关。"古城埂"引起了他们的极大兴趣。2015年，在成都文物考古研究院副研究员刘祥宇主持下，考古人员对这里进行了重点发掘。

高山古城这座始兴于新石器时代、距今约4500年的城址，逐渐露出它的城郭轮廓与文明记忆。

高山古城总面积约34.4万平方米。整体呈西北东南走向的斜梯形，城墙环绕四周，河流穿城而过。

在对高山古城遗址的土壤进行浮选后，考古队员们发现，在这里的作物中水稻的比例占到了90%。传说中第一代蜀王蚕丛和他的部族在岷山以高地农业为主，种植的粮食也主要是黄河流域常见的黍、粟等耐寒耐旱作物。从小米到大米，主食的变化，让人们不禁疑惑高山古城的主人，到底是蜀王

八大古城轮廓示意

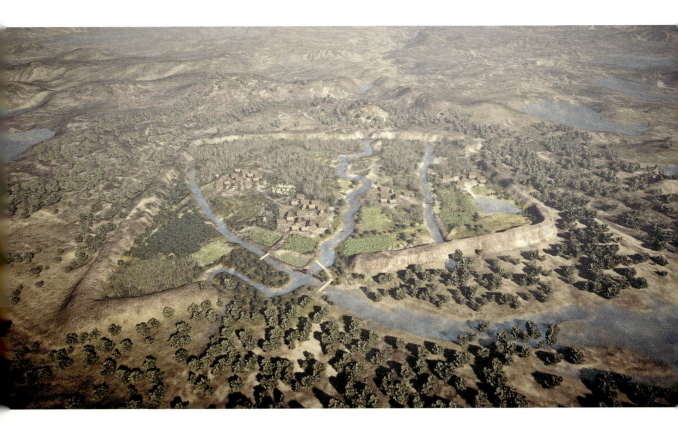

高山古城复原图

族人,还是另有其人?

由于墓葬浸泡在地下水中,4000多年前古蜀人的骨架得以完好保存。随着发掘工作的进一步深入,考古队员惊讶地发现,有19具人骨被人为拔除了牙齿。拔牙是中国新石器时代最早可以追溯到六七千年前的大汶口文化的一种风俗,应该是某种成人仪式或者宗教仪式。在此前的考古研究中,拔牙现象多见于黄河流域和长江流域的部分地区,如江苏、上海,在广东、广西也有过发现,甚至在中南半岛也发现了类似的情况。然而,高山古城地处成都平原西南缘,与这些地方相距遥远,他们也会有同样的风俗吗?

为了找到高山人骨牙齿缺失的真相,一些保存完好的头骨被送往四川大学考古科学中心。在这里,原海兵副教授对它们进行了科学分析和技术鉴定。DNA检测结果表明,生活在高山古城的古蜀先民,的确存在着不同族源,他们中有来自黄河上游的"西北人",也有来自长江中游的"南方人"。

风俗会通过人口流动传播。当把目前已知出现拔牙现象的区域按时间顺序连线,一条横贯中华大地的传播链便会赫然出现——从黄河流域向南传播至长江下游、中游,最后溯江而上来到了成都平原。

然而,不同族源的人群在蜀地汇聚、发展,并没有让高山古城变得坚不可摧。在和一个强劲对手的抗争中,高山古城走向没落,而另一座古城"宝墩"却慢慢崛起。

这个强劲对手就是洪水。

从大邑高山古城往东约30千米的新津区西北,脊梁似的黄土埂子,拱卫着一座距今约4500年至4300年的古城。1995年秋天,一支联合考古队首次对这里的宝墩村进行了考古发掘。

整个宝墩古城为圆角长方形,西北东南走向。它分为内城和外城,内城约60万平方米,外城面积约276万平方米。从面积上讲,宝墩古城是继陕西石峁古城和山西陶寺古城、浙江良渚古城之后,中国已发现的面积第四大的史前古城。

2020年9月,成都文物考古研究院宝墩遗址考古工作站站长唐淼和同事们在宝墩古城地下意外发现了一层水平地层。经过检测,这一地层的淤泥中含有大量铁锰结核。铁锰结核是在有氧和厌氧环境的交叉中形成的,是水稻

宝墩古城发掘区

宝墩古城外城墙残存示意

生长的一种标志，考古人员基本可以判断，这块地层曾经种植过水稻。考古人员还对发掘区的土壤植硅石、水稻炭化种子进行了检测，同样显示这片区域种植过水稻。

最终，经过对整个探方区年代、功能划分、土壤环境、遗物以及周边地势地貌的探究，一整条最新证据链证明，大约4500年前，生活在宝墩古城的古蜀先民已经较为熟练地掌握了水稻耕作技术。这一发现，填补了长江上游地区新石器时代水稻遗迹的空白。宝墩文化时期的稻、粟混作农业体系，奠定了成都成为"天府"的农耕文明基础。也正因如此，长江上游文明开始进入以水稻为主食的历史阶段。

在对宝墩古城外城城墙以及周边进行深入发掘后，考古人员得到了一组数据：外城城墙顶面宽约20米，高约4米，底面宽不到30米。围绕外城城墙还有一条宽约十几米的壕沟。原来，宝墩先民最大限度地利用了地形和河流的天然优势，用高大宽阔的梯形城墙和十几米的壕沟组成了一个防御体系。

在对这一片区域所在的古河道进行试掘解剖后，考古人员发现河道里有大概3900年前的乌木，以及木屑、陶片等。通过对乌木、墓葬以及大量陶片的测量鉴定，依据考古实证推测，在距今4000年左右，宝墩古城受到都江堰

宝墩古城出土的乌木

方向来的洪水的多次冲击，最终不得不被放弃。宝墩先民被迫迁居他地。

成都平原，河流交错，土质疏松肥沃，有利于古蜀先民逐水而居、发展农耕。但同时洪水泛滥也给先民们带来了灭顶之灾，宝墩古城与其他7座古城的先民们，把定居地选在了平行于河流的台地上，并且围绕聚落修筑城墙。宝墩古城城墙四面合围，不设城门，城墙的外侧坡度较陡，目的是减少洪水对城墙的冲击。

随着时间的推移，人口增长导致聚落密度逐渐增大，人群开始向成都平原腹心地区移动，郫县古城的发现成为有力的证据。1997年，考古人员在这里确认了和宝墩古城一样较为完整的城垣以及大量文化遗存。

以竹、木为主要材料，在底架上建起的高出地面的干栏式双层建筑，使房屋与地面隔离，而达到有效的防水、防潮的效果。除此之外，考古人员还发现，郫县古城城墙的建筑材料，有别于高山古城和宝墩古城，里面包含一些卵石。考古人员推测，用卵石加固城墙，或许是先民因地制宜、就地取材做出的智慧的选择。

2008年，成都市温江区江安河畔的红桥村，一处宝墩文化时期的聚落遗址被确认，遗址区内发现一座人工水利工程。整个水利工程处于台地的迎水面，由4道坝体、3条河道共同组成，残长将近200米，宽度近60米，梯

古蜀记

宝墩古城复原图

形结构是分层夯筑。每一道坝体都有护坡，第1、2道坝体还加筑了卵石护坡。考古专家认为，这些人工堤坝至少是分2—3次筑成，应该是来一次洪水加高一次堤坝，到最后阶段用砂卵石层建造了护岸堤，使得堤坝更加坚固。相较于宝墩文化一期修筑的城墙，此时的古蜀先民已经掌握更科学实用的防洪技术。

宝墩先民在河流温顺时，开荒种田，加固城垣；在洪水滔天时，迁徙高地，流离失所。一次次与水博弈，又一次次重建家园，让成都平原从蛮荒变得适宜居住、适宜耕种。

从某种意义上来说，八大古城也不过是古蜀先民创造历史进程中的几座驿站，在即将跨出新石器时代门槛的时候，他们又开启了伟大的青铜时代。

郫县古城遗址区

三星夺目

从1929年第一件玉器出土开始，三星堆就吸引了一代又一代考古人的目光；伴随着大量青铜面具和奇异塑像的问世，四川广汉也引发了人们对古蜀文明一波又一波的热议。近百年过去，关于三星堆的考古研究仍在一次又一次地为世人带来惊喜。1934年，首次发掘三星堆，当时因匪患猖獗仅发掘了短短10天，出土600余件器物；1986年，1号、2号祭祀坑惊现于世，出土器物超过1700余件；2020年，3—8号祭祀坑相继发现后，编号出土各类文物1.5万余件。三星堆见证了中国考古事业的发展，也用它惊人的想象力，向世人讲述着古蜀文明的传奇和中华文明的多元一体。

2020年，一场由多个大学和考古机构参与、多学科相互配合的大型综合性考古，在三星堆遗址展开。历时三年，在前沿技术的加持下，考古人员对三星堆3—8号祭祀坑进行了精细发掘，这里出土了许多令人瞩目的珍贵文物。

三星堆大型立人神兽出土现场

大型立人神兽三维模型

身长超过1.2米,体重将近150公斤,是目前三星堆出土的众多动物造型青铜器中最大的一件。大嘴、细腰、长耳朵,四蹄带纹,头顶立人,胸口刻有神树,更令人惊叹的是,在立人的底座壁龛里,还雕刻着另一个栩栩如生的微型人像

三星堆青铜神坛出土现场

青铜神坛
四川广汉三星堆遗址出土

这座神坛结构复杂，造型精巧。最下方的镂空底座上有13个小人，分为4组，动作、服饰、形态各异。跪在立柱上的4人合力抬着一只小神兽，在小神兽尾部和胫部之间，还跪着一个人，只是已经从腰部断掉了。根据已有造型估算，这座祭坛的完整高度在1.5米左右，可能是古蜀人想象中人神沟通场景的生动写照。神坛上的人像分头部、手部以及身体3个部分，先分别铸造之后，再通过铜液铸接将3个部分连接成为一体，这是三星堆典型的青铜器铸造工艺技术。

青铜纵目面具
四川广汉三星堆遗址出土

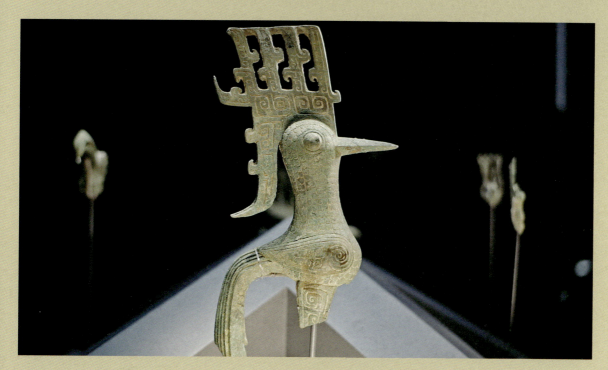

青铜鸟
四川广汉三星堆遗址出土

2022年6月14日，龟背形网格状青铜器从三星堆遗址7号坑中被成功提取出来，这件独特的器物分上下两层，四角刻有生动的青铜龙头，里面还藏有一件玉器。而更大的发现还在后面，研究人员借助先进仪器，在它的表面发现了大片丝织物残留。蜀地历史悠久的丝织工艺，有了更多考古实证。

元朝《王祯农书·农桑通诀》中记载，"黄帝元妃西陵氏始劝蚕事"，西陵氏就是黄帝轩辕氏的妻子嫘祖。相传嫘祖发明了养蚕缫丝技术，直到今天，川蜀之地都流传着关于嫘祖的传说。

四川古称蜀，"蜀"的古字又形似野蚕，上面是眼睛凸出的头，下部则是盘曲的身子。"青衣一曲绕山水，青衣神在白云端"，在古蜀民谣的遥远吟唱中，蜀王蚕丛因身穿青衣到民间教民养蚕，而得名"青衣神"。

"葵中蚕也"之"蜀"字、西陵氏嫘祖的传说、"青衣神"蜀王蚕丛的名号，似乎都表明四川是古代中国丝绸的重要产地之一。然而，丝绸在潮湿环境下难以保存，在以往的考古发掘中，还没有在西南地区发现夏商时期的丝绸实物。如今，三星堆祭祀坑中的丝绸残留物终于填补了这一空白。

四川省文物考古研究院文物保护研究所馆员郭建波，从青铜网格中提取一小片丝织物残片进行研究。为了完整复原3000多年前的三星堆丝绸，郭

青铜立人像

四川广汉三星堆遗址出土三星堆出土文物中体量最大的青铜人像，通高2.62米，加上约180公斤的体重，是当之无愧的"铜像之王"。大立人脚戴足镯，赤脚站立于方形神兽底座之上，双臂呈环抱状置于胸前。他头戴高冠，身着三层庄严华丽的精美礼服，繁复的纹饰象征着织绣纹样

建波特地请来非遗蜀锦织造大师贺斌帮忙。最终，贺斌根据郭建波研究测量的三星堆丝绸残片经纬线的粗度与密度，复原出七片薄厚不一的丝织物。

三星堆发掘出的丝绸残留物表明，早在3000多年前，古蜀人就已经熟练地掌握了丝绸生产技术。这些丝绸残留物，不仅印证了大放异彩的蜀锦有着源远流长的历史，还让历史学家把它和古籍记载中的第一代古蜀王蚕丛联系在了一起。

另一边，三星堆出土的一件金光熠熠、刻着神秘图案的权杖，则让一些学者听到了来自另外一位古蜀王的旷古回响。

龟背形网格状青铜器
四川广汉三星堆遗址出土

三星堆丝绸残留物分析图

古蜀记　169

头戴五齿巫冠、两耳各垂一副三角形耳坠的人头像，两背相对的鸟和鱼，叠压在鸟颈和鱼头下的箭状物，奇异而又华丽的图案彰显着它的不凡气质，这是三星堆出土的又一件"传世神器"——金杖。

三星堆遗址发现的大量与鸟相关的文物，以及1号坑发现的金杖，使得考古研究者大致推断，三星堆遗址与文献记载当中的鱼凫挂钩。传说中的第三代古蜀王鱼凫，得名于一种善于凫水捕鱼的水鸟。三星堆出土了种类丰富、数量

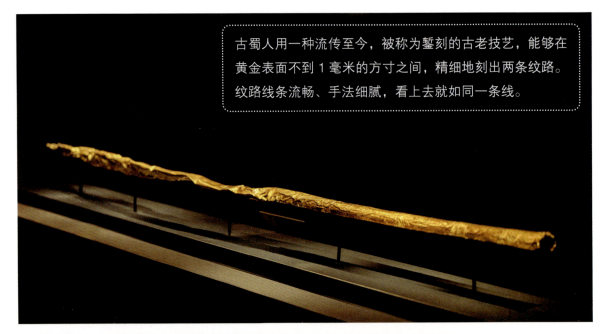

> 古蜀人用一种流传至今，被称为錾刻的古老技艺，能够在黄金表面不到1毫米的方寸之间，精细地刻出两条纹路。纹路线条流畅、手法细腻，看上去就如同一条线。

金杖
四川广汉三星堆遗址出土

170　寻古中国

众多的包含鸟元素的文物，这些文物记录、展示着古蜀人对飞鸟的崇拜。

专家推测，占地约3.6平方千米的三星堆古城，有三重以上的城圈。第一重城圈，位于三星堆古城西北，称为月亮湾小城；第二重城圈的南界以三星堆城墙为界；第三重城圈则以大城的南城墙为界。按照功能分区，第一重城圈主要分布着大型宫殿性质的建筑和一些祭祀场所；第二重城圈主要为普通居民区；第三重城圈的南部，就是"一醒惊天下"的三星堆祭祀区。经过几代先民的扩建，到商代中期，三星堆古城发展到了今人所见的规模。

2023年6月，中华文明探源工程项目组最新测年结果表明，三星堆遗址祭祀坑器物的掩埋时间确定为商朝末期、周朝初期。

沉甸甸的水稻，金黄的粟米，家猪、野鹿、河鱼……3000年前的古蜀人，在三星堆古城过着耕作、捕猎、养蚕缫丝的生活。高大的神庙里，供奉着形态各异、充满想象力的青铜器物，古蜀人在这里祭祀先祖、天地和自然万物，祈求祖先和神明的庇护。

四川大学的黎海超教授和他的助手，一直在寻找三星堆铜器原料的来源。《华阳国志》记载，蜀地产铜。当年营盘山先民进入成都平原时穿越的龙门山脉，就产有"璧玉、金、银、珠、铜"，这个矿产地距离三星堆古城只有几十千米。最新研究成果表明，三星堆遗址铜器制作背景复杂，原料、技术、风格均体现出多元化特征，进一步证实三星堆与其他区域进行了密切交流。

三星堆青铜之谜还有待学者们不断研究和发现，但仔细观察三星堆的出土文物，我们便不难发现一组现象：这里的玉琮和长江下游良渚文化遗址出土的玉琮十分相像；陶盉、玉璋、铜牌饰，深受黄河流域二里头夏文化的影响；铜罍、铜尊等青铜器，又深受中原地区商文化的影响；湖北石家河文化出土的玉人头像造型，双眼凸出、鼻子高耸、嘴角微笑、耳垂带洞，外观神态与三星堆青铜人像十分接近，却足足早了数百年。众多的相似性背后，是文化密切交流的可能性。

三星堆见证了一座古蜀都邑由盛至衰的历史。它与营盘山、桂圆桥、八大古城一起，勾勒出古蜀文明的起始、形成、发展的脉络，尤其显示出古蜀文明与黄河流域文明、长江中下游地域文明之间的紧密联系和相互影响，成为中华文明多元一体的生动实证。

璀璨金沙

2001年2月8日,一座沉睡三千年的古遗址,在四川成都西北郊外金沙村一处施工现场重见天日。经初步勘探,金沙遗址面积约五平方千米,存在大型祭祀区、建筑基址区、居住区、墓地等重要遗存,出土文物数万件。太阳神鸟图案的原型——太阳神鸟金饰,惊现于世。

金沙遗址博物馆馆长朱章义认为,太阳神鸟图案和古代神话传说当中的"金乌负日"非常接近。"金乌负日"源自《山海经》:神鸟金乌,栖息在扶桑神树上,每天驮负着太阳,从东极飞往西极。朱章义相信太阳神鸟金饰身上蕴藏着中华文明经久不衰的密码。十二个月、十二时辰、十二生肖,一年四季、地有四方……这是先祖对时间与自然规律的学习和记录。太阳神鸟金饰内层的十二道光芒,可能代表着一年十二个月或一天十二个时辰;外圈四只鸟,可能象征着春分、夏至、秋分、冬至四时或东南西北四方。

作为古蜀黄金文化最具代表性的发现,金沙遗址出土了包括太阳神鸟在内的三百余件黄金制品,这是目前所知中国商周时期发现金器数量最多、器型最为丰富的遗址之一。与同样出土过大量黄金制品的三星堆相比发现:金沙金冠带、三星堆金杖,都有以鱼、鸟、箭、人头为主要构图元素的纹饰;金沙金面具与三星堆金面罩人头像,造型风格十分相像,都有着耳洞,似乎是对同一族群相同习俗的记录;金沙小立人和三星堆大立人有着极其相似的高冠和手势。太多的类同在暗示,金沙和三星堆一定有着某种联系。

通过碳-14年代测定,考古专家发现三星堆的时代比金沙稍早一点,但在三星堆的繁荣时期,金沙其实也是存在的,只是居住的人相对比较少,地

商周太阳神鸟金饰
四川成都金沙遗址出土
这件太阳神鸟金饰，含金量94.2%，镂空工艺复杂精细，厚度仅0.02厘米。四只神鸟环绕着绽放出十二道光芒的金太阳，展翅飞翔

金乌负日的传说

商周大金面具
四川成都金沙遗址出土

位没有三星堆高；到了商代晚期至西周，三星堆慢慢衰落，金沙作为古代蜀国的一个政治文化经济中心，渐渐发展起来了。

金沙遗址生活区出土的一件古人用来翻土的木耜，是目前唯一保存较为完整的商周时代的木质农具，也是成都平原稻作农业发达兴盛的重要物证。《华阳国志·蜀志》里有这样一条记载："后有王曰杜宇，教民务农。"第四代蜀王杜宇重视农耕，在"教民务农"中促进了成都平原的农业发展，金沙遗址很可能是杜宇时代的都城。

成都文物考古研究院通过对金沙遗址进行植物浮选，发现了大量的植物种子，有较多的稻谷、少量的粟和黍，以及一些豆类，说明当时的农作物以稻谷为主；还发现有葡萄属植物与猕猴桃的种子，说明金沙时代的古蜀人，农业生活丰富多彩、食品种类也变得更加多样。

以繁盛的农业为基础，金沙的古蜀先民还掌握了狩猎、捕鱼、畜牧等多种谋生手段。《华阳国志·蜀志》记载，杜宇王朝"以汶山为畜牧，南中为园苑"。在金沙遗址中，确实发现了大量家养动物的骨骼。

商周铜立人
四川成都金沙遗址出土

商周木耜
四川成都金沙遗址出土
它是目前唯一保存较为完整的商周时代的木质农具，也是成都平原稻作农业发达兴盛的重要物证。有了木耜，翻土变得更加简单。通过翻土，可以增加土壤通透性，改善土壤结构，并除去隐藏在土壤中的害虫虫卵，从而提升农业种植效率

动物骨骼
四川成都金沙遗址出土

古蜀记　175

发达、繁荣的金沙文化并非孤悬于成都平原。早在1985年，成都蜀都大道十二桥路就发现了这一类型的文化遗存，依照考古惯例被命名为十二桥文化。金沙十二桥文化，古蜀文明的新中心，它辐射周边，成为古蜀大地继三星堆后，又一个文明发展的高峰。作为迄今西南地区已知面积最大、堆积最丰富、出土器物等级最高的遗址，专家推测，公元前1200年至公元前600年间，金沙很可能就是蜀王统治下的文明中心。

金沙还出土了上千根象牙，重以吨计，它们被集中发现于遗址的祭祀区。这些象牙摆放规律，场景壮观，引人无限遐想。

出土于金沙遗址的"肩扛象牙人形纹玉璋"，刻画了两组头戴高冠、方耳方颐、身着长袍、肩扛象牙的人像。惟妙惟肖的图案与三星堆"祭山图玉边璋"上的图案类似，向我们展现了古蜀人用象牙祭祀的盛大场景。

古代中国，人们认为象牙拥有镇住水患的力量，在秦国蜀郡太守李冰修建都江堰之前，水道密集的成都平原水患成灾，为护佑家园，古蜀人经常用象牙进行祭祀活动。

四川省文物考古研究院的研究人员，对金沙遗址出土的象牙进行了DNA检测，结果显示这些象牙属于亚洲象。亚洲象仅雄象产牙，按每头雄象两根计算，金沙出土的一千多根象牙至少需要五百头雄象。

曾有专家根据遗址内出土的海贝情况，推测当年是异域商队带来了象牙、海贝等用于交换的物品。但如今，金沙遗址中出土的大象骨骼——头顶骨、臼齿、门齿，为成都平原曾有大象生存提供了有力证据。

古气候学研究表明，三千年前，整个中国的气候环境与现在不同，温度偏高，大象甚至可以在黄河流域栖息。当时四川的自然环境就像热带雨林，适宜大象的生存。因此，也有专家猜测，金沙遗址的象牙就取自蜀地。

祭祀是古蜀人不可或缺的社会活动，象牙则是他们重要的祭祀物品，但奇怪的是，三星堆在出土了许多象牙的同时，还出土了青铜神树、青铜大立人在内的众多用于祭祀的大型青铜器。而同样作为古蜀王都的金沙，除了出土几件仅有十几厘米高的小青铜立人像，以及和三星堆相似的铜鸟、铜牛外，还出土了许多与商文化密切相关的青铜小件和大型铜器的零件、残件，但至今没有发现大型青铜器。中国社会科学院考古研究所副所长、中国社会

象牙
四川成都金沙遗址出土

大象骨骼
四川成都金沙遗址出土

科学院大学历史学院副院长施劲松认为，其原因可能是铜料匮乏，也可能是祭祀活动方式改变了。

与青铜器相比，金沙出土的玉器不仅种类多、数量也多，为中国考古史之罕见。三千多件玉器，有玉璧、玉琮、玉璋、玉矛、玉戈等。其中，玉璋数量为目前中国考古遗址出土之最。

《山海经·中山经》记载，岷山出玉。中国古代几大玉料中，四川的龙溪玉（又称"岷玉"）一直赫然在列。金沙的玉器不是很透明，内部质地非常疏松，玉料很有可能就是来自成都平原西北山区的龙门山一带。

虽然玉料来自蜀地，纹样却不尽然。金沙出土兽面纹玉钺，兽面纹以双勾阴线雕琢而成，是商周时期中原青铜器的典型纹饰，这说明当时蜀地和中原文明交往密切。

被誉为金沙博物馆"镇馆之宝"的十节玉琮，生动地表现了祭祀的状态和祭祀的场面，用料、做工和纹饰都与其他金沙玉器有很大区别。经过研究比对，发现这是良渚文化晚期的典型玉琮。良渚文化晚期比金沙遗址早一千多年，从长江的下游环太湖地区到成都平原的金沙，更有一千多千米的距离，这遥远的相似性表明，长江上下游之间在很早的时候就有交流。不仅如此，古蜀的铜器也明显和中原地区关系非常密切，金沙遗址出土的陶盉更是二里头文化的典型器物。

根据清理、发掘出的众多文物，考古学家还原了金沙遗址的全貌：这座王都建立在靠近河岸的一片天然高地上，生活在这里的古蜀先民大多从事稻作农业，也有部分居民以打猎、捕鱼为生。在这个物质富庶的王国中，手工艺制作成为独立的行业，工匠们制造各类祭品，并生产出大量精美的饰物。

最终，或许是肆虐的洪水冲没了金沙，但与此同时，也开启了古蜀文明的另一段辉煌。

古籍《蜀王本纪》记载，楚人鳖灵去世后，遗体从楚地溯江而上，到达蜀地后死而复生，后因治水有功，第四代蜀王杜宇将王位禅让给他。鳖灵由此开创了古蜀最后一个王朝——开明王朝。

良渚文化十节青玉琮
四川成都金沙遗址出土
九条细小的横槽将器身分为十节，每节转角上，都刻有左右对称的小圆圈，仿佛迷人的双眸，与上下两个凸面巧妙地组成五官，也因此被称为"人面纹"。琮体一面还刻画着神秘图案，图中人物头戴装饰、长袖飘逸、肩有羽翼，翩然起舞

再续华彩

2016年，在成都市西南的蒲江县飞虎村，一处规模庞大的战国时期船棺葬遗址被发现。在其中一座墓葬中，一柄柳叶形刺身、圆弧形脊的青铜矛被考古人员发掘了出来，当淤泥被慢慢清除，矛身中部篆书"成都"二字赫然显现。

"成都"铭文铜矛的出土，证明"成都"的城市称谓，早在战国晚期就已经存在。

战国"成都"铭文铜矛
成都市蒲江县飞虎村出土

近半个世纪以来，成都地区考古发现了多处船棺葬。

2000年7月29日晚，成都市青羊区商业街一处建筑工地正在施工，当工人们挖到地下4米时，几段大型乌木突然出现在眼前。经过一个月的发掘，一个长30.5米、宽20.3米、深2.5米的大型墓坑赫然呈现。

船棺是一种独木舟形的棺木葬具。商业街船棺葬墓坑内17具棺木平行排列，其中4具为大型船棺，最大的一具长18.8米、直径1.7米，棺木之下还有15排枕木铺垫，在全国尚属首次发现。结合商业街船棺墓穴周边遗留的木构地栿，考古人员推测，墓穴之前还有同时期建造的祭祀建筑。

4具船棺里面随葬的器物，都是色彩斑斓的漆木器。经过十年的整理修复，数以百计的漆木器中，出现了一件我国迄今为止发现的年代最早、结构最完整的漆床。

出土漆器从形制纹饰和制作工艺来看，既有长江中游楚器和中原青铜器的风格，又有浓厚的蜀地色彩。比如西周晚期到春秋时期青铜器上很普遍的蟠螭纹，居然也出现在了蜀地的漆器上。

不同地域间的文化交流与融合，使发轫于商周时期的成都漆艺，到战

春秋战国船棺
成都商业街船棺葬出土

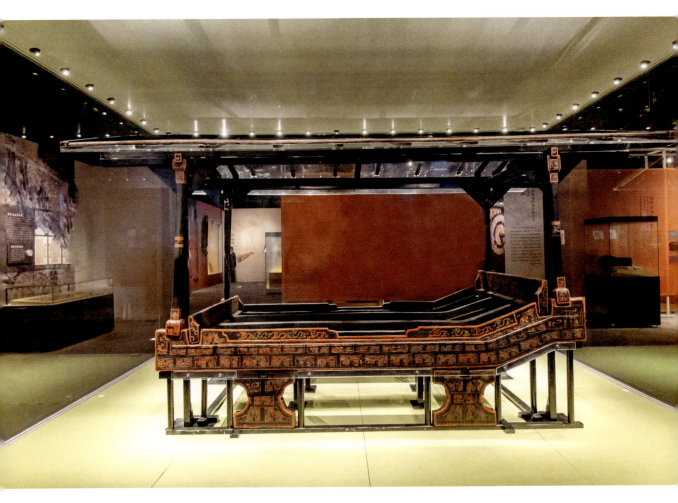

春秋战国漆床
成都商业街船棺葬出土

国、秦汉时,已日渐成熟,趋于兴盛,成为繁荣成都商业最重要的手工技艺之一。可以想象,商业街船棺葬中精美的漆床,或许是墓主人极为钟爱的物品,才会伴随主人的离世而被一起深埋于地下。

在商业街船棺葬的发掘过程中,另一个发现让现场的考古人员十分困惑。在从未被盗扰的8号船棺中,考古人员发现的人体骨骼根本不能组成一具完整的骨架。故而人们推测,墓主可能是从其他地方迁葬过来的,所以船棺里只有一些主要的骨骼。

墓中出土器物和墓葬规格对比分析表明,商业街大墓的年代大致处于春秋晚期至战国早期。绝对年代可能在公元前400年前后,据文献记载,此时正是古蜀国最后一个王朝——开明王朝的晚期。开明一族，源自楚地。《华阳国志·蜀志》记载："开明王自梦郭移，乃徙治成都。"意思是说，开明王因梦见都城的城郭发生了迁移，决定把都城迁往成都。

开明王迁都后，随即效仿中原礼制，在古蜀建立宗庙礼乐制度。对此，《华阳国志·蜀志》记载："九世有开明帝，始立宗庙，以酒曰醴，乐曰荆，人尚赤，帝称王。"

文献记载，原本开明氏一族习水，长期与水、与船相伴，也许正因此，他们死后以船棺入葬，留下了商业街这样奢华的二次葬墓地。

在陆续的考古发掘中，一些有规则的"十"字形、"米"字形等符号反复出现于巴蜀地区的出土器物中，有学者统计，已经发现各类符号270多种，有1100多种组合，考古学将之称为"巴蜀图符"或"巴蜀图语"。令考古专家疑惑的是，这些符号既抽象又无明显规律可循。有学者认为它们作为文字太简单，更可能是一种表现身份的符号。

2015年，在成都市青白江区的双元村，一个横跨春秋和战国时期、由270座墓葬组成的墓葬群被发现，其中一座编号M154的船棺葬等级最高。在该墓船棺外底近中部，考古人员无意间发现了一个长1米、深0.63米的隐秘腰坑。腰坑，一般是指在墓主人棺外腰部下方的位置人为挖出的小坑，用来埋藏珍贵器物甚至殉葬。目前考古发现，腰坑的葬俗起于新石器时代晚期，多流行于商和西周时期的北方地区。

M154大墓的腰坑虽然略显粗糙，却出土了尊缶、鼎、甗、盆和匜等精美的青铜器。此后，在陆续出土的铜器上，考古人员同样发现了与商业街船棺葬类似的"巴蜀图语"。这说明先秦时期成都平原的蜀人，不仅用符号记录这方水土的制度与信仰，也借此讴歌他们的生活与图腾。那些精美器物也见证了古蜀开明王迁都成都、效仿中原礼制、建立宗庙礼乐制度在古蜀社会的发展。

1980年3月，在成都市区东北约30千米的新都区马家镇，一座战国时期蜀国高等级大墓被发现。墓中出土了188件铜器，或许就是古蜀开明王改革的直接结果。

在188件铜器中，最令人瞩目的是一副5件套列鼎。列鼎制度本是中原

战国时期鼎
成都市新都区马家木椁墓出土
鼎上的文字是楚文字的风格,纹饰铸造十分精美,是祭祀用的器物。据考古学者介绍,墓中一共出了5件,除其中一件以外,另外4件是翻模做的,也就是说它们不一定是在蜀地生产的,可能是因为战争或是文化交流传过来的翻模产品

王朝的礼器制度。5件列鼎中，有一件盖内有铭文"邵之飤鼎"，用的是春秋战国时楚地流行的字体"鸟虫书"。这也许说明，伴随着中原文化和楚文化向蜀地的扩张，蜀地社会上层开始了对楚式和中原器物及其代表的礼制的追求。

据《华阳国志·蜀志》记载，古蜀"东接于巴，南接于越，北与秦分，西奄峨嶓"，版图辽阔。为了与外界连通，从古蜀国开明时期，蜀人就在难以立足的断崖绝壁上，破石凿洞、打桩架桥，修建了向北直抵汉中平原的金牛道。后来又有了米仓道、荔枝道等一系列被称为蜀道的北通关中的交通干道。作为当时连接南北的重要通道，它们如同一条条血脉，穿越川陕之间的千山万壑，把偏居西南的四川盆地与中原大地连接起来，再向南经云南直达今天的缅甸和印度。后者逐渐发展成为以成都为起点，连接欧亚大陆的南方丝绸之路。

公元前316年，秦惠文王后元九年，秦国利用巴蜀攻战的机会，从金牛道入川，灭蜀国，将其纳入版图。随后，沿道路设置郡县，开始了对蜀地的经营。古蜀国最终退出了历史舞台，但古蜀文明却和中原文明实现了融合发展，影响延续至今。

成都商业街、双元村以及马家镇，3座年代相当的大墓，大量高等级器物的出土，让今天的人们能够亲眼见证古蜀人的智慧，并感受到当时蜀地与秦、楚等国乃至中原地区更为密切的文化交流与商贸互通。

回望几千年前，古蜀先民在曾经是蛮荒之地的成都平原，改造山河。他们汲取多地的文化滋养，令四塞之地成为西南之长。他们创造的古蜀文明，带着开放与包容的文化基因，成为中华文明宝库中的一颗璀璨明珠，其璀璨光华绵延数千年，影响至今。

1 铜镜
　成都市青白江区双元村墓葬群出土

2 甗
　成都市青白江区双元村墓葬群出土

3　S形带钩
成都市青白江区双元村墓葬群出土
这种带钩在北方草原地区较为多见,说明当时的蜀地与北方有交流。蜀地出土的铜镜和当时三晋地区发现的铜镜也可以说一模一样,同样代表了不同地区的文化交往

4　尊缶
成都市青白江区双元村墓葬群出土
这件东周时期的青铜酒器造型别致,用于盛放酒浆,是蜀人饮酒的考古实证。酿酒需要大量余粮,4000多年前,古蜀人在成都平原扎根后,对食物的追求有了更多余裕,阵阵酒香便飘荡在了古蜀大地

3000多年前,一支古老的部族离开久居的中原,向南迁徙,穿越桐柏山和秦岭,来到了丘陵峡谷之中的一片开阔地带。他们就是楚人的祖先。

云梦记

云梦迷踪

在中国的地理版图中,有这样一个单元,湖泊星罗棋布,河流交错纵横,从青藏高原一路奔腾而来的长江,与众多河流一道在这里左右摆荡,浩浩前行。它就是位于长江中游的江汉平原。

今天的我们很难想象,数千年前,这里曾经属于一个绵延千里的大湖群,它有一个美丽的名字:云梦泽。

1000多年前的唐代,诗人孟浩然用一句"气蒸云梦泽",将云梦的盛景锁定在了中国人的记忆中。传说中,它有九百里之广,但如今却难觅踪影。这座湖泊是否真的如此巨大,如今它又隐藏在哪里?今天,我们只能在古书上的寥寥几笔中去寻找线索,而这些线索也将带我们踏上一段古老云梦的寻觅之旅。

在中国地质大学(武汉)环境学院教授顾延生看来,云梦就是水天一色,浑然一体,整个宇宙,放眼看去都是云梦。而北京大学城市与环境学院教授韩茂莉认为,云梦泽水体大,应该比今天的世界五大淡水湖都大,有巨大的蒸发量,形成云雾和烟波浩渺的景观。

这个巨型湖泊是否真的存在?如果存在的话,又是如何逐渐湮没于历史?几十年来,人们试图利用科技手段,获取对这个过程更清晰的认识。

2015年,顾延生开始了他对古云梦泽演化过程的研究。他带领的研究小组,在古云梦泽的一个分布中心,把地下十来米的沉积物打上来,带回实验室,用激光粒度分析仪进行分析,通过分析藏在沉积物中的植硅体,获取了数千年间的气候水文数据,从而勾勒出古云梦泽在时间和空间上的变化。

烟波浩渺的景象

曾经，江汉平原大部分范围被古云梦泽的湖群覆盖。随着长江和汉水带来泥沙，云梦泽西部逐渐淤积成陆地，开始进入到它生命周期中的淤浅期。借助现代科技，人们终于知道，在长江与汉水泥沙的堆积下，云梦泽逐渐演化成陆地，成为江汉平原的雏形。

在孕育于云梦大地的文化遗址中，考古工作者找到了距今6000多年的炭化稻粒。这个稻粒的长径为6.2毫米左右，跟现在正常的水稻相差不大，可见早在6000多年前，这里的农业已经比较发达。农业的发达能够促进人口的繁衍，于是这片昔日的大泽，成为无数历史事件的重要舞台。

3000多年前，一支古老的部族离开久居的中原，向南迁徙，他们穿越桐柏山和秦岭，来到了丘陵峡谷之中的一片开阔地带，之后又顺着沮漳河流域南下，在云梦范围内慢慢地扎下根来。他们就是楚人的祖先。

甲骨文里"楚"字的形状，就像一个人走在满是荆棘的灌木丛中，让人联想到楚人南迁的艰辛历程。《左传》描述楚国先祖刚刚来到这片土地时是"筚路蓝缕，以启山林"——驾着简陋的柴车、穿着破烂的衣服开辟山林，他们艰难地伐倒巨木，开垦出一片又一片农田。

清华简《楚居》里记载了一个有趣的小故事：楚国刚刚成立的时候，好不容易建起一间祭祀大堂，在举行祭祀时却拿不出祭品。无奈之下，只能闯

1. **漆木彩绘双头镇墓兽**
   湖北荆州天星观1号楚墓出土

2. **漆木卧鹿**
   湖北枣阳九连墩2号墓出土

3. **卧鹿鼓**
   湖北荆州雨台山楚墓出土

4. **虎座飞鸟**
   湖北枣阳九连墩2号墓出土

> 楚墓出土有大量的鹿角制品,譬如镇墓兽、虎座飞鸟等器物所使用的鹿角,都是真实的,这印证了《墨子》与《战国策》的记载——当时的云梦泽孕育了多样的湿地动物。云梦泽后来成为楚王的禁苑或者行宫,很可能与此有关。

入鄀国，偷了一头小牛，在晚上偷偷举行祭祀。有史学家认为，这个故事是楚人对祖先历史的追忆，虽然偷牛的真实性无法考证，但陕西岐山凤雏村出土的西周甲骨却给我们提供了新的线索。甲骨上刻有"曰今秋楚子来告父后哉"。"楚子"这一称谓，显露了楚君在诸侯国中卑微的地位——公、侯、伯、子、男，"子"是第四等级——当时楚国只是一个势力很小的诸侯国。

然而，令历史的记录者难以预见的是，弱小的楚国，后来有了惊人的蜕变。

《墨子》记载，"荆有云梦，犀兕麋鹿满之"；《战国策》则记录，"楚王游于云梦，结驷千乘，旌旗蔽日，野火之起也若云蜺，兕虎嗥之声若雷霆"——曾经烟波浩渺的云梦泽，伴随着沧海桑田的变迁，成为楚国王室天然的猎场。也正因此，云梦地区成为历史的见证者，它将见证部族间的征伐与融合、诸侯国间的争霸和兼并，也将见证一个弱小的国家如何崛起成为一方霸主的艰辛历程。

20世纪六七十年代，考古学家循着水利建设提供的线索，来到湖北荆州纪南城遗址。旷野和农田遮盖之下，竟然是一座2600多年前的超大城市。经考古勘查与发掘，纪南城遗址逐渐显现于世人面前：面积约16平方千米，相

出土的距今6000多年的炭化稻粒说明，云梦大地的先民们靠种植农作物来获取他们的食物资源，稻作农业比较发达

当于2240个标准足球场，城墙上部宽达10—14米，可容纳两辆六匹马车的天子阵仗，整个城市有8座城门，其中3座水门直通长江，与云梦泽相连。

1975年，国家文物局组织调集全国的考古力量，在纪南城举行了"考古大会战"。随着考古发掘的不断深入，上千口水井逐渐呈现在世人面前。有学者估算，按照每一口水井供300人饮用计，这种规模的水井意味着当时可能有30万左右的人口在纪南城定居。

结合遗址的庞大规模以及典籍的记载，考古学者判定，纪南城正是楚国的国都。

这一发现也印证了东汉哲学家桓谭《新论》对这座超级大城市的描述，"楚之郢都，车毂击，民肩摩，市路相排突，号为朝衣新而暮衣弊也"——楚都到处都是拥挤的车辆和人群，以至于人们早上穿着新衣出门，晚上衣服就被挤破了。早期为了祭祀而偷牛的楚国，是如何发展成拥有如此规模都城的强大国家？

《战国策》记载："楚，天下之强国也……地方五千里，带甲百万，车千乘，骑万匹。粟支十年，此霸王之资也！"湖北省文物考古研究院院长方勤解释，云梦泽范围内有很好的种植条件，楚国以稻作农业为基础，"粟支十年"，是说它的粮食储备可保楚国人十年无虞。有丰富的粮食作为支撑，国力就逐渐强大，可以不断扩张自己的势力。

然而，在纷争不断的春秋战国时期，仅依赖粮食作为生存基础还远远不够。他们还需要拥有那个时代至关重要的一样东西——铜。

在平静的丹江口水库水面下，有一座被淹没的楚国早期都城。数十年间，人们在这座都城附近的楚墓之中，发现了数量众多的青铜剑，这些沉睡了几千年的武器，向人们揭示了楚国崛起的秘密。

跨越云梦地区，一路往东，当看到漫山遍野的紫花之时，意味着一座巨大的宝藏在等着我们。这是一种神奇的小花，它根植于含铜土壤，以铜料为养料，因此得名"铜草花"。凡是有它生长的地方，大地深处一定有铜矿。几千年前的古人，就是通过满山摇曳的铜草花，发现了这座商周时期最重要的铜矿山：铜绿山。

古代文献记载，每当暴雨过后，铜绿山上的地面，就会冒出一些绿颜色的石块,这些石块就是铜原料。这个地方有些铜矿品位很高,含铜量可达到98%以上。1973年开始发掘的一处遗址,出土炼铜矿渣50多万吨,以此倒推,当时的采铜量至少是10万吨。春秋时代的一把青铜戈重500克左右,也就是说这里所产的铜可以制造约2.4亿件铜戈;如果用这些铜制造青铜剑,数量可达6000万把;而用来制造30克左右的青铜箭头的话,则可得40亿枚。

铜,是人类最早开发和利用的金属之一。《左传》中说:"国之大事,在祀与戎。"在夏商周时期,铜是至关重要的战略资源,它的价值不仅在于铸造武器,更在于制造礼器。青铜礼器是秩序和等级制度的象征。

跨越云梦地区,一路向北,有桐柏山与大洪山两座山脉,山脉之间的狭长地带,是淮河的发源地,也是一条重要的河谷走廊。在有了随州和枣阳两座城池后,这里被称作"随枣走廊"。

1978年,考古学者就是在随枣走廊的随州境内,发现了总重达4吨,世界上现存最大、最重的青铜礼乐器——曾侯乙编钟。在对曾侯乙编钟进行化学及光谱分析之后,考古人员将它与来自铜绿山铜矿的数据进行比对,意想不到的是,曾侯乙编钟的铜料竟是来自铜绿山。

周王朝时,曾经有一条铜绿山通往中原的青铜之路。周王朝将守护这条国家命脉的青铜之路,交到了以曾国为代表的周王室姬姓诸侯国手中,它们分布在随枣走廊之中,史称"汉阳诸姬"。根据《左传》记载,春秋时期,楚国两代君主三次出征,最终征服了汉阳诸姬。当时天下最重要的铜矿资源也被楚国控制,楚国从一个名不见经传的小国,迅速成长为一个席卷江汉、问鼎中原的强国。

公元前333年,楚人吞灭越国,自此,崛起于云梦大地的楚国整合了长江中下游及以南的区域,成为当时面积最大的诸侯国。

1978年,一座典型楚墓里的卧鹿立鸟漆木雕的出土,拉开了云梦另一段历史的帷幕。与卧鹿立鸟一同出土的,还有数十件随葬物品,它们大都以漆为衣,花纹繁复、精美绝伦,历经数千年光阴洗礼,依旧鲜艳如初。鼎盛时期的楚文化,由此向世人展露它的惊采绝艳和灿烂风华。

"荆有云梦,犀兕麋鹿满之,江汉之鱼鳖鼋鼍,为天下富",在楚人生活的年代,云梦是一个包含了山水田林湖草等多种地形地貌的广阔区域。华

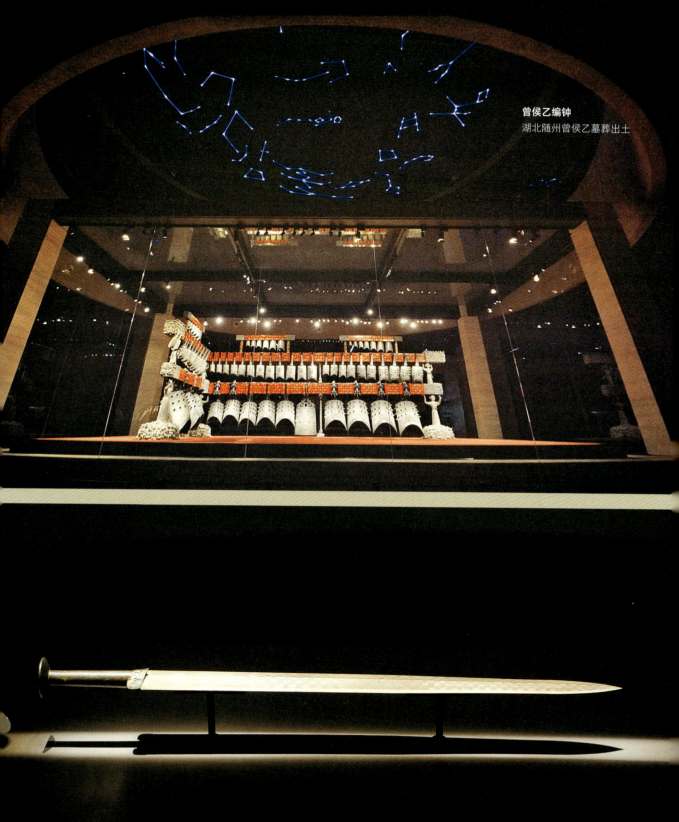

曾侯乙编钟
湖北随州曾侯乙墓葬出土

越王勾践剑
湖北荆州望山楚墓出土
楚人好剑，考古学成果给出了无可辩驳的证据。现已出土的先秦青铜剑，大量出自楚墓。几乎每一座保存完好的楚墓，男性墓主都会有剑陪葬

中师范大学楚学研究所教授蔡靖泉认为，四季分明的气候、丰富的物产、奇山异川、景观变化，启发和滋养了楚人的想象。东汉文学家王逸在《楚辞章句》中这样描述楚人："昔楚国南郢之邑，沅、湘之间，其俗信鬼而好祠，其祠，必作歌乐鼓舞以乐诸神。"云雾笼罩的云梦泽，孕育着楚人汪洋恣肆的想象力，也塑造着楚人的精神世界。

虎座鸟架鼓是楚文化最具代表性的文物之一。这类器物的出土，最早可追溯到1957年的河南信阳，在此后大约60年的时间里，考古学家在河南、湖北、湖南、安徽等地都发掘出土了这种器物，总计40余件。它们在花纹、颜色上或有差别，但高大轩昂的凤鸟是不变的主题。

中华文化中，凤的形象由来已久。早在5000多年前，湖北石家河地区的先民就在此创作出了姿态生动、造型优美的凤鸟形象。商周时期的青铜器上，也常有凤的身影。

在考古发现的楚文化遗存中，凤鸟的形象丰富多样。精雕细琢，漆器适于凤鸟绚丽的色彩；精工细作，丝绸让凤鸟灵动飘逸。日常起居、宴饮舞乐、通灵事神、驱邪辟灾，凤鸟引领楚人穿越生死，更成为楚国国运的象征。

古籍中记载了这样一个故事：年轻的楚庄王继位后，大多数时间都在纵情享乐。他的大臣想要进谏，却不敢直言，只能含蓄地问楚庄王，有只大鸟栖息在山丘上，三年不飞不鸣，是何鸟也？楚庄王醉醺醺地回答："三年不飞，飞将冲天。三年不鸣，鸣将惊人。"果然，继位八年后，楚庄王带领楚国军队，借着攻打陆浑之戎的机会，陈兵东周都城外的洛水之滨，由此开启了他问鼎中原、饮马黄河、成为春秋五霸之一的辉煌历史。

战国中期，楚国进入全盛时期，其疆域北至陕南，西抵巴蜀，南达五岭，东临大海，几乎领有半个中国。在开疆拓土的过程中，楚国吞并了数十个国家和部落，海纳百川，融会贯通，为楚国带来文化上的空前繁荣。

1977年秋，河南淅川县遭遇大旱，境内丹江口水库水位下降，淹没已久的春秋及汉代墓葬群重现于世。考古工作者在对其中2号墓的挖掘中，出土了6000多件器物，而最引人注目的是7件青铜鼎。从鼎上铭文得知，器物的主人是楚庄王的儿子王子午。

漆木虎座鸟架鼓
湖北枣阳九连墩2号墓出土

漆木彩绘凤鸟莲花盖豆
湖北荆州天星观2号楚墓出土

虎座立凤

考古学界对楚人视凤鸟为图腾的原因有许多猜测，其中一种认为，这是因为楚人的祖先是祝融，而祝融在远古部族中掌管祭祀和火。西周成王时，楚的先人鬻熊曾为周王守护祭祀仪式所用的火，其身份为火师。而凤鸟正是火的化身，代表光明和永生。

明确的年代信息让考古学者惊喜，但更令他们惊讶的，是王子午鼎与众不同的造型。腰腹内收，双耳外撇，具有强烈的动感和曲线美，让人想到"楚王好细腰"的记载。因与中原地区厚重庄严的青铜鼎完全不同，专家给它取名为"平底束腰鼎"，也称"楚式鼎"。

和王子午鼎同时出土的云纹铜禁，是在祭祀或宴享时用来盛放酒樽的器座。整体瑰丽庄重，装饰玲珑剔透。

这些楚式青铜器，为我们展示了一种更为成熟且极致精细的工艺。春秋晚期的云纹铜禁和战国早期的尊盘，是为荦荦大者，其工艺震惊世界。

尊盘出土自楚系曾墓，即曾侯乙墓，总计装饰有164条龙。这个数字还不包括尊盘口沿上那些蜷曲的虺龙，如果一并计算，总数恐怕不下1000条。

设计上的巧智、工艺上的精密、视觉上的瑰丽，楚式青铜器把不同的技术在同一器物上完美应用，使得恢宏大气与繁缛细致完美结合，成就中国青铜史上的重要篇章。

王子午鼎
河南淅川下寺2号楚墓出土

云纹铜禁
河南淅川下寺 2 号楚墓出土

曾侯乙尊盘
湖北随州曾侯乙墓出土

惊世楚简

1993年10月，湖北荆门郭店的一座楚墓里，发掘出了804枚竹简，其中730枚上书写有文字，总计约13000字。考古学者经过整理辨认，发现这些楚简上抄录的，都是道家和儒家的典籍。

一直被中原人视为"蛮夷"的楚人墓中，何以出现如此之多的儒家和道家的典籍？这期间究竟发生了什么？

问鼎中原之后，东周王朝以及中原各国依然视楚国为蛮夷。为了彻底甩掉这个标签，楚庄王果断决定"以夏化夷"，在楚国全面推行以周礼为核心的中原文化。他的这一举措影响深远，《左传》称楚国"抚有蛮夷，奄征南海，以属诸夏"。

自此，楚文化快速融入华夏文化的体系。

郭店楚简形制不一、长短不同，但典雅秀丽的书风，可以看出是典型的楚式文字。郭店楚简为先秦时期典籍18篇，其中《老子》和《太一生水》等道家典籍4篇，《缁衣》《五行》等儒家典籍14篇。最难得的是，18篇中，13篇为失传2000余年的佚书。

《太一生水》折射出2000多年前我们的祖先对宇宙自然生成的思考。《缁衣》《五行》等儒家典籍，让学者们首次辨明了相距近200年的孔子、孟子之间的儒学传承纽带。而且，大量的儒家经典出现，也引发了考古学者对于先秦时期一次出逃事件的联想——周王室发生内乱，王子朝奔楚，走的时候带了大量文献。

除湖北外，在湖南、河南等楚国故地，也有大量与先秦典籍有关的楚简出土，这些都在向世人展示，在先秦那个百花齐放、百家争鸣的时代，各种思想潮流同样在荆楚大地广为流传。

在圣贤辈出的先秦时期，以老庄为代表的道家哲学和以孔孟为代表的儒家学说，铸就了中国人特有的宇宙观和人文思想。而在楚国，一位诗人的辞赋，则以汪洋恣肆的想象力和九死不悔的超拔精神，成为中国浪漫主义文学的源头。这位诗人就是屈原。他以《天问》究天人之际，以《哀郢》写国破之殇。他的文字雄浑浪漫，长短句相间，以楚语发楚声，人们将这种独特的文风称为"楚辞体"，亦称"骚体"。

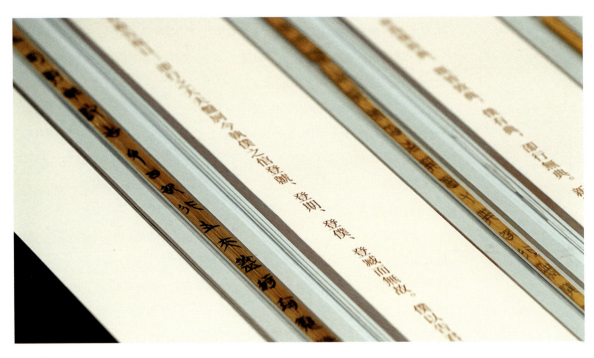

郭店楚简
湖北荆门郭店一号楚墓出土

探秘秦简

楚国步步走向强大，而远在西北的秦国先一步崛起，是楚国最为可怕的对手。战国时期的纵横家张仪曾说："凡天下强国，非秦而楚，非楚而秦。"秦楚之间的角力某种程度上决定着天下大势的走向。

公元前278年，纪南城所在的郢都被秦军攻破，楚王被迫东迁，云梦地区东北部的安陆县（今安陆市）也在这一年被秦军攻破，纳入秦国所设南郡管辖。作为秦人统一南方的战略要冲，安陆成为秦人固守的军事重镇。大量秦军的到来，让小城安陆，成为秦楚交战的前沿，更是秦军东进南下的桥头堡。

历史总是惊人地巧合，古安陆，这座位于云梦泽东北部的军事重镇，在2000年后的今天，却部分承袭了"云梦"这个充满历史风烟气息的名字，成为如今的云梦县。

20世纪70年代在云梦县的一次偶然发掘，让这里成为秦楚争霸的历史见证。

睡虎地位于云梦县城西部，紧邻铁路一侧。1975年临近年末，云梦县的一些百姓正像往年一样，在睡虎地进行农闲时节的水渠修缮。就在一铁锹土被铲走之后，水渠之中出现了一片青灰色泥土，这是地下有古墓的征兆。

在村民把这个发现向上级报告之后，当地迅速展开了考古发掘。云梦睡虎地12座墓葬被陆续打开，一批精美的器物出现了。其中11号墓葬出土尤为丰富，象征身份等级的铜鼎、闪烁金属光泽的铜剑、残留烟熏痕迹的铁釜、日用的酒器耳杯、取食的器物漆匕，还有一些桃核和枣核……中国考古史上的一个重要时刻不期而至。这次发掘也成为湖北省文物考古研究所原

云梦记

所长陈振裕考古生涯中最难忘的记忆：其中一口棺内放满了竹简，这是中国考古历史上第一次出现秦简。

著名考古学家李学勤先生在一篇文章中回忆，第一次看到刚出土的云梦睡虎地竹简照片时，大家都不相信自己的眼睛。竹简内容之新奇丰富，更是令人惊异。有些学者还打赌这不是秦简，从字体看应该属于较晚的汉代。李学勤于1976年初到达云梦现场，仔细检视出土器物和全部竹简，才确定摆在面前的是梦想不到的秦代简策。

这是中国考古史上出土的第一批秦简，它们有着同样的宽度和厚度，长度却并不相同，从23厘米到27.8厘米之间，共有1155枚，4万多字。

竹简的文字当中，一个人的名字频繁出现——喜。

记录喜生平的竹简被叫作《编年记》。《编年记》中不仅有喜的生平，还记录了他和家族的许多事情，一并被记录下来的还有许多罕见于史籍的国家大事。它的数量只有53枚，记录下的光阴却横跨公元前306年到公元前217年，总计90年。这恰是中国历史上从战国七雄争霸，到秦国实现一统并建立中央集权帝国的巨变时代。

公元前278年，秦将白起率军南下，攻陷了包括都城郢在内的楚国的半壁江山，安陆也在这一年被秦军攻破。《编年记》中，对这一事件的记载是"廿九年，攻安陆"。这场战事是战国末年楚国由盛而衰的转折，也是秦统一六国的重要一战。

公元前262年的一个冬日拂晓，一个婴儿伴随着鸡鸣声诞生了，他就是喜。这一年，秦军进攻韩国野王，这也是秦统一进程中诸多战事中的一场。《编年记》中，喜的出生和这场战役被记载在了一起："四十五年，攻大野王。十二月甲午鸡鸣时，喜产。"作为2000多年前的生命个体，喜不曾见诸以往任何古籍文献，但他的一生都与大历史交融在一起。

公元前246年，对于秦国来说是特别重要的一年，13岁的嬴政登上王位。这一年，对于17岁的喜也很重要，《编年记》记录下了这一时刻：喜傅。他完成了秦国男子成年时必须要做的一件事，傅籍——男子成年后，要去登记，然后要去履行国家的义务，如劳役、兵役。

自商鞅变法以来，户籍制度成为秦国加强统治的重要措施。《商君书》

记载，登记民众人数，生者要登记造册，死者须注销户籍。民众不逃税租，田野没有荒草，国家就能富强。

喜傅籍后，公元前244年，秦国攻打魏国卷地，斩首3万魏军。此后，秦军连续攻取了魏国和韩国几十座城池。这一年，喜也迎来了他人生际遇的一次升迁。《编年记》中与这场战争一并被记录的，是这一年八月喜成为"史"，即成为一名基层文官。由此，喜开始了自己作为秦国小吏的生涯。

在喜生活的时代，安陆县隶属于秦国设置的南郡。郡县制使地方处在中央的直接管辖之下，成为一种新的国家治理和社会组织方式。郡县制需要一个庞大的官僚系统，而喜只是秦国郡县制下的一名基层官吏。

在担任"史"两年多后，喜成为安陆县的"令史"。又过了不到一年，喜被调往鄢县，职位仍是"令史"。5年后，喜成为鄢县负责审理案件的官吏"治狱"。

这一时期，喜需要在工作中经常抄写秦国的律令和文书。可以想象，无数个夜晚，喜埋头于竹简之中，或阅读，或记录，笔耕不辍，案牍劳形。正是依靠数年勤勉的文官生涯，喜得以积累下如此多的竹简留给后世，给我们留下了一笔非常丰厚的文化遗产。

在鄢县担任治狱一年后，喜多年一成不变的文书工作被打断了。

公元前234年，秦国对赵国发动了一次大规模战争，史称"平阳之战"。28岁的喜参加了这场战争。在秦军的进攻下，平阳沦陷，赵军"亡卒数十万，邯郸仅存"。

公元前230年，秦王政十七年，经历了数百年博弈和争锋之后，秦国统一的步伐开始加快，战争的发动也愈加频繁。公元前230年秦灭韩国；公元前228年攻赵国；公元前225年灭魏国。

统一的大势不可逆转。

春秋战国，群雄并起，秦并不是第一个图谋霸业的诸侯国，但为何秦能最终完成统一大业？云梦出土的文物提供了一种新的解读。

牛和马的身影在云梦睡虎地秦的器物中反复出现。陈振裕认为：这是非常典型的耕战思想。战马迅捷，耕牛肥壮，说明当时人们很重视农业生产，商鞅把它归纳成耕战政策，即百姓平时耕种生产，战时征战四方。耕战政策

云梦记　209

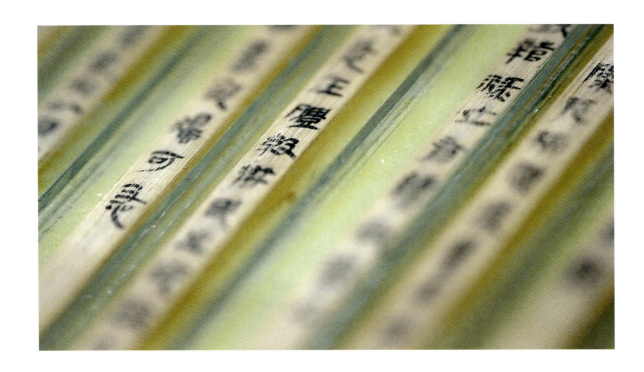

为秦国提供了源源不断的兵员和后勤保障,而牛和马则是这一政策下的重要战略物资。

睡虎地秦简《厩苑律》中记载,每年四月、七月、十月、正月,县乡的一件大事是举办耕牛评比。正月的这次是大考,成绩优秀的饲牛者,奖励酒一壶,干肉十条,免除一次更役;成绩落后者则会被申斥,并被罚徭役两个月。

消灭魏国仅仅一年后,秦国再次进攻它一直以来的对手,楚国。此时的楚国已退至淮河流域。

当秦国对楚国再次发起进攻的时候,有一对秦军兄弟给家人送去了来自秦楚对阵前线的书信。

睡虎地4号墓中出土的木牍家书,是迄今发现的最早的家书。写信的人是黑夫和惊,他们是一对兄弟。信中首先问候哥哥衷和母亲是否别来无恙,除了问候之外,他们还请求母亲为他们置办夏季的衣物。黑夫和惊急切地想要知道一件事,官府的授爵文书送到没有。从信中可以看出,在战场上建功立业,或许正是两兄弟参军的最大动力。

史书记载,商鞅设计了以首级计算军功的二十级爵位制度,只要战场杀敌,任何人都有机会加官晋爵。在这项制度的推动下,秦军在作战中勇猛无比,堪称"虎狼之师"。对于出身普通的黑夫与惊,这或许是他们改变命运的唯一途径。

睡虎地秦简是一项划时代的发现,填补了中国考古学的空白

木牍家书
睡虎地出土

木牍家书(局部)

战争仍在继续，惊写第二封家书时，兄弟俩还没有收到钱和衣物，这让他们不得不跟同乡垣柏借钱。而且他还特别提到，如果家里再不寄钱来，生活就难以为继了。信中连用三个"急"，来表达他的迫切之情。但战争并没有让他们的情感变得粗粝，这封家书中，惊惦记着很多人，有姑姑和妹妹，也有同乡发小。惊在信中尤其惦念妻子，并提醒妻子好好照顾长辈；他还特别提醒哥哥，秦军新占领的地方多有盗贼，千万不要前往。

尽管无法确定黑夫和惊的最终命运，但幸运的是，他们的家书被送到了安陆。

黑夫和惊写过家书的一年后，也就是公元前223年，秦军向楚国发起最后进攻，《史记》记载，"王翦、蒙武灭楚，虏其王负刍"，楚国就此灭亡。随着秦国版图的连年拓展，诸侯割据的战国时代进入尾声。公元前221年，齐国灭亡，中国历史上第一个统一多民族封建帝国由此诞生。

连年不断的战争停息之后，喜终于回到了他的故乡安陆，继续做一个文官小吏。秦统一两年后，《编年记》写道："廿八年，今过安陆。"史籍记载，秦始皇曾五次巡游全国，其中两过安陆。这是秦始皇第二次出巡，他东巡郡县，过彭城，南至湘山，归途经过了安陆。

一部《编年记》，53枚竹简，串联起一个家族的命运，也见证了一个时代的变迁。

除《编年记》外，这批秦简还包括了《秦律十八种》《效律》《秦律杂抄》《法律答问》《封诊式》和甲乙种《日书》等。其中，法律文书占大半以上。

历史上，商鞅变法制定秦律，为秦国创立了系统的律法。然而，很长时间里，秦律都被淹没在历史的尘烟中。甚至100多年前，中国法律史的经典著作中，有关秦律的内容也不过寥寥数页。云梦睡虎地秦简，让隐匿于历史的秦律浮现出来。

律法是社会秩序的载体。当秦简中的诸多律令条文组合在一起，描绘出的便是一幅秦统治下的社会生活长卷。

睡虎地秦简《封诊式》中名为《穴盗》的案例，记录了一件盗窃案。报案人乙声称，前一天夜里他把一件衣服放在偏房，早上起来衣服不见了，还在偏房墙底下看到了一个新挖的洞。接到乙报案后狱吏赶到现场，对盗洞和周边的脚印进行了勘验和记录。根据描述，学者绘制出了盗窃者的脚印，还原了2000年前的案发现场。由此可见，秦代已经具备了相当水准的司法勘验的技术。而这只是睡虎地秦简诸多律令文书的一个片段。

《南郡守腾文书》是公元前227年春末，秦国南郡的郡守腾向基层官吏下达的一份文书。与通常冷静平和的文风不同，这份文书措辞严厉。文书指出，过去百姓习俗不同，好恶不一，以至于"乡俗淫泆之民不止"。圣王法度没有得到严格遵守，甚至官吏也放纵行事。

秦国在公元前278年攻占楚国郢都后，在楚国故地上设立了南郡。这份通告发布时，秦设置南郡已有50年了，但腾仍要为"匡饬异俗"而大动干戈。《南郡守腾文书》就是下发南郡各级官吏用来明法审令的文告。文书下达的这一年，秦王嬴政遭遇了来自燕国荆轲的刺杀。即便身处江汉平原的安陆，文书小吏喜通过这份文告同样感受到了紧张的气氛。

自商鞅变法以来，秦国依靠先进的制度快速崛起，数量庞大的基层官吏成为秦国治理和统一的基石，而对于每一个官吏个体来说，需要具备怎样的素质呢？

"凡治事，敢为固，谒私图，画局陈棋以为藉。肖人聂心，不敢徒语恐见恶。凡戾人，表以身，民将望表以戾真。"《为吏之道》读来像诗歌一样富有节奏，语言的形式美感，让它在众多的法律文书中格外显眼。

武汉大学简帛研究中心主任陈伟认为，《为吏之道》念起来朗朗上口，就是为了让人读了之后就有印象，能够背诵、能够记住，潜移默化，把文书的内容化作潜意识去执行。

中国政法大学法律古籍整理研究所教授徐世虹表示，《为吏之道》基本上都是针对基层官吏，吏是实现国家意志最有效的对象，治吏不治民。秦对官吏有大量制度的约束。《为吏之道》里面谈到，吏有五善，吏有五失，说的就是为吏者应该做什么善事，不能做什么恶事，为吏要清正廉洁、喜为善行，一心一意地为国家效力。

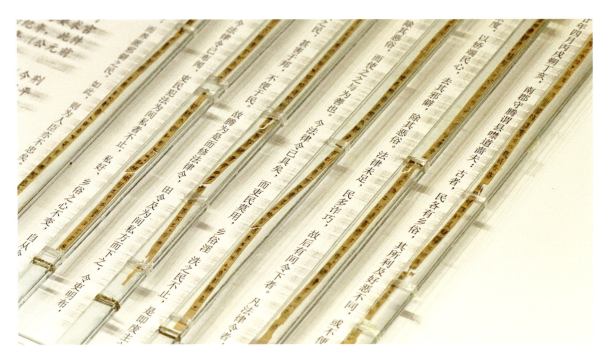

睡虎地秦简《语书》(《南郡守腾文书》)

睡虎地秦简《为吏之道》

秦的制度也覆盖到更多领域，保障着日益庞大的疆域的生产发展。比如，睡虎地秦简中有一条"县遗麦以为种用者，䅻禾以臧（藏）之"，就是要求按照谷子的保存办法来保存麦种，这是因为当时的谷子比麦子要贵，保存标准更高。从播种到收获，从粮仓管理到粮食分配，睡虎地秦简中，都可以找到对应的律文条目。

统一六国后，秦的国土面积增加了数倍，它的版图上出现了东部和西部、南方和北方。秦是如何让不同地域、不同族群的人们接纳和使用秦历的呢？

睡虎地秦简《日书》当中的《秦楚月名对照表》，用一张表格，简单明了地将楚人的历法转换成秦历。历法统一，为秦帝国广阔疆域的生产生活提供了便利。而这只是秦文化统一举措的一个缩影。

秦建立了开创性的制度，历史中的秦律为秦的统一提供了制度保障。但是，秦也是一个短命的王朝，由于秦的暴政，在帝国统一仅仅15年后便走向覆灭。

那么，秦的制度从此就消失了吗？

2006年，在睡虎地秦简出土31年后，考古工作者在云梦睡虎地汉墓中，再次发掘出了2000多枚竹简，这便是睡虎地汉简。令人惊喜的是，在一份连续记录14年的《质日》长卷中反复出现一个人的名字，他叫越人。和睡虎地秦简主人喜的身份相似，他是西汉初年的一名基层小吏，也就是睡虎地汉简的主人。

随着整理工作的展开，陈伟发现这批竹简中的大量内容与律令相关。睡虎地汉简当中，法律文书共计850枚，分两卷，和睡虎地秦简相互对照，在《秦律十八种》和《法律答问》的28种秦律律文中，有21种再次出现在睡虎地汉简的汉律当中。

比较不同时代的律令，我们能够看到，汉律与秦始皇时期的法律，甚至更早的秦昭王时期的法律的基本格局，都是一脉相承的。从秦简到汉简，西汉初年对秦律的沿袭清晰可见。事实上，西汉初年，不仅继承了秦的律法，也承袭了秦的郡县制等制度。

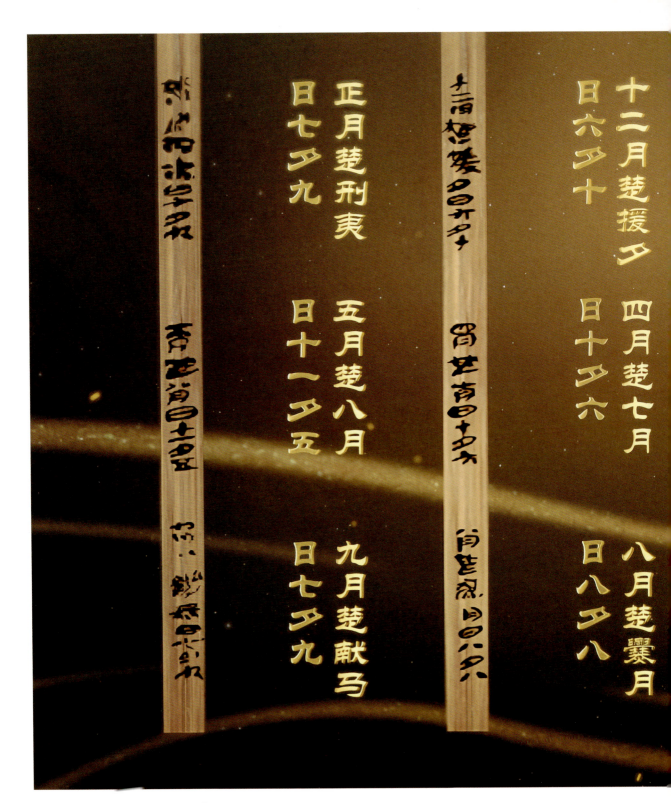

睡虎地秦简中列出的《秦楚月名对照表》

书同文，车同轨，量同衡，行同伦，秦从文化和制度层面消除了地方割据，开启了中国统一多民族封建国家的发展历程。

布币
云梦县出土

郢爰
秦统一前,各国都有自己的货币体系,单在楚地就有蚁鼻钱、郢爰等

圆形方孔铜币
云梦县出土
统一全国后,秦规范了货币的标准样式:圆形方孔铜币。这是云梦县出土的半两钱,每枚重约当时的半两,俗称"秦半两"

陶量
云梦睡虎地出土
科研人员用小米测量出它的容量是2000毫升。著名的秦始皇方升和商鞅方升容量是200毫升,这件陶量是它们容量的10倍,所以也被称为秦斗。陶量的出现比秦始皇方升要早35年,说明从秦孝公变法到秦始皇统一六国的120多年间,秦国的量制是稳定的

楚脉千秋

2021年，云梦县又有了震惊世人的考古发现。一颗牙齿，留下了先人怎样的迁徙足迹？一枚虫卵，如何讲述先人来到云梦县的生活过往？2021年的夏天，湖北省云梦县郑家湖遗址烈日炎炎，这里的考古发掘同样热火朝天。

这是一片总面积约15万平方米的古墓群，距离睡虎地墓地仅有3000米。从2020年起，郑家湖墓地的考古发掘，持续了2年，出土了大量珍贵文物。这些墓葬的年代跨度从战国晚期一直持续至西汉初年。

公元前278年，秦将白起率军南下，攻占楚国的国都郢后设置了南郡。对于世代生活在这片土地的楚人来说，这是国破家亡的时刻。楚国的诗人屈原在《哀郢》中记下了当时的场景："皇天之不纯命兮，何百姓之震愆？民离散而相失兮，方仲春而东迁。"秦军到来之时，楚人四散逃亡，国都被迫东迁。

在此后的若干年里，云梦的无数先民长眠在了郑家湖墓地。

在郑家湖墓地，发掘出了一些尤为难得的保存完整的人和动物的牙齿、骨骼。这些牙齿，封装了2000多年前生命个体的迁徙密码。中国科学院地质与地球物理研究所副研究员唐自华通过同位素检测，寻找牙齿中隐藏的环境信息，从而分析牙齿的主人曾经生活的区域，重建墓主人不同时期的生活经历和迁徙行为。唐自华介绍，不同位置上的磨牙，是在不同时间里萌出的，这些磨牙其实就是时间胶囊。

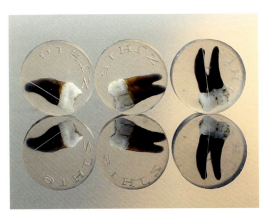

墓主人牙齿
郑家湖墓地出土

板栗、桃核、大枣
郑家湖墓地出土

为了全面了解郑家湖墓主人的生命信息，中国社会科学院考古研究所副研究员陈相龙对墓主人的骨骼进行了同位素检测。

陈相龙表示，不同的骨骼的代谢周期差异非常大，肋骨代谢很快，大概3年到5年就更新一个周期，股骨的代谢则非常慢，可能20年才会完整更新一次。把不同周期的同位素信号做一个叙事线，就能够知道一个人的生命史里，不同阶段的饮食结构是怎样的。通过测定骨骼中同位素的含量，可以追踪先民的饮食情况，由此推断出食物的来源地。当把这些不同时期的位置连接起来，便可推知一个人的成长和迁徙经历。根据植物光合作用中碳循环方式的不同，可以将农作物分为碳-3植物和碳-4植物。而碳-3植物和碳-4植物，恰好可以对应南方和北方的不同粮食作物。稻米，还有小麦、大麦、豆类都是碳-3植物，而中国北方传统的主食粟和黍都是碳-4植物。

至此，这些墓主人的生命轨迹逐渐明朗。

郑家湖墓地的12位墓主样本中，7人出生于北方，5人出生于南方，其中9位有远距离迁徙经历。他们最终都来到了郑家湖。

在郑家湖的诸多墓主人当中，埋葬在M257中的是比较特别的一位。来自墓葬中的印章显示，他的名字叫谢，是一位秦人。他的随葬品中包含两套楚式壶与两套秦式钫，两套楚式鼎与两套秦式鼎。鼎的套数可以判断等级，3把青铜剑则可以判断他的身份。不同的信息叠加在一起，墓主人的人生轨迹更加清晰。他出生于西北，幼年时迁徙至江汉平原，生活在南方；长大后

楚式壶
郑家湖墓地出土

秦式鼎
郑家湖墓地出土

木板画
郑家湖墓地出土

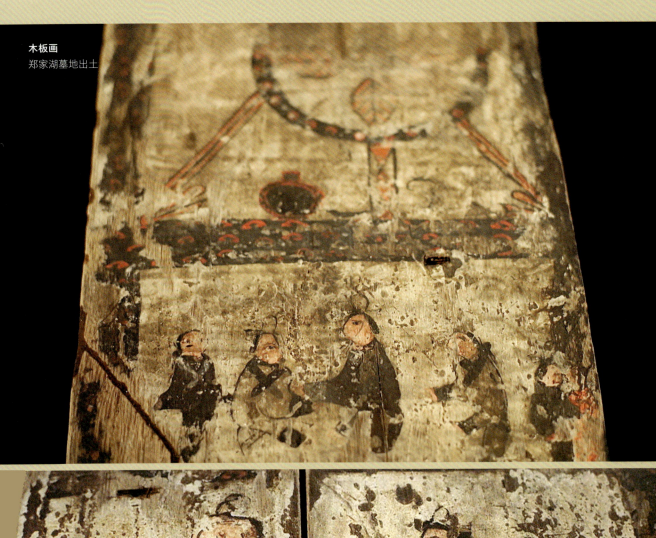

郑家湖墓地出土的带有彩绘图案的木板,画中人物或坐,或立,或交谈,像是正在参加一场隆重的活动,不同服饰的人们相聚在了一起,2000多年前的时代气息款款而来。

从军，戎马半生，为秦的大一统南征北战近20年，郑家湖成为他人生的最终归宿。

远道而来的秦人，又是如何融入曾经的楚地呢？

郑家湖考古发掘的墓葬分布图显示，A、B、C三个区组成了一个墓葬群。在考古发掘中，学者发现了一个现象，不同葬区中，墓主人的头朝向有着明显差异。不同的头朝向意味着不同族群的葬俗。通常，秦墓的墓主人头朝向以东向或西向为主，而中下层楚墓以南向为主。在C区中，东、西向墓主占据绝大多数。由此推断，在郑家湖墓地中，C区为秦文化墓葬，而A、B两区为楚文化墓葬。

2000多年前，曾属于不同诸侯国的族群，最终出现在了同一处墓葬群。曾经是秦楚争霸要冲的云梦县，呈现出了一个秦楚融合的地域样本。人口迁徙，往往是伴随军事胜利而进行的。客观上，统一战争也是民族融合的一种方式。

战国末年，刚刚攻占的别国土地被称为"新地"。随着秦军的征伐，派驻新地的官吏和士卒成为第一批移民。更多的人口流动则源自移民政策，秦律规定，有罪的官吏迁往新地可获得部分赦免，于是"赦罪人迁之"也成为移民的动因。

为了彻底占领新地，军队驻防只是权宜之计，实现族群融合才是长远策略。于是，迁入本国人口成为秦的方案。在秦始皇统一全国后的十余年间，前后进行了数次大规模移民，郑家湖先民不过是秦大移民背景下的缩影。

在距离M257不远的M346墓葬中，考古队员又发现了一枚同样刻着"谢"字的印章，根据分析，印章的主人是一位名叫谢的25岁左右的女性。

武汉大学历史学院副教授刘一婷对这位叫谢的女子的随葬品进行了整理。来自墓主棺椁的动物骨骸共有80多件，包括猪、狗、牛、鸡、鸭、鱼等，是家庭生活中常见的牲畜、家禽和水产。殉葬牛、马、羊等动物头、蹄被称为"头蹄葬"，是先秦时期西北地区的典型葬俗；而陪葬家畜家禽的习俗，则呈现出楚地的葬俗特征。可见葬俗之中出现了秦楚交融的影子。

云梦记

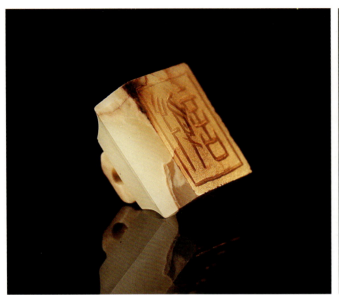 

一男一女两位名"谢"墓主的印章
郑家湖墓地出土

中国科学技术大学科技史与科技考古系杨玉璋团队，对来源于郑家湖墓地人体骨骼表面进行检测之后，居然提取到了残留的古代寄生虫卵。他们发现，鞭虫和绦虫在郑家湖秦墓和楚墓人骨样本表面普遍存在，但肝吸虫却有不同。鞭虫主要出现在瓜果蔬菜上，绦虫多寄生在猪、牛等家畜体内，而肝吸虫通常寄生在一些淡水生物体内。检测结果表明，当时郑家湖的秦人和楚人的饮食结构有很大不同。刚刚迁徙而来的秦人，或许还没有形成食用水产的习惯，但他们也在逐渐适应这里的生活。在郑家湖秦人的墓葬中，既有大枣、大豆、板栗，也有南方日常食用的稻米。随着时间的推移，他们的口味也变得既有偏好，又有趋同。

郑家湖让我们看到了普通人的命运轨迹，也看到当时不同族群的迁徙、碰撞与融合。至此，在秦的大一统进程中，一个地区民族融合的典型样本在郑家湖呈现出来。

来自郑家湖墓葬墓主棺椁的动物骨骼

公元前202年，刘邦登基称帝，建立汉朝。

汉初的国家体制、法律法规等，沿袭并发展了秦朝的制度，但在文化上，兼承楚制。

20世纪70年代，一场举世瞩目的考古发掘在长沙马王堆展开。根据考古资料判断，这是西汉初期长沙国丞相轪侯利苍的家族墓地。这片墓地共计出土丝织品、帛书、帛画、漆器、中草药等文物数千件。它的发现，成为人们研究汉初历史文化的重要实物资料。

在所有出土器物中，最引人注目的，是马王堆1号墓出土的一幅T形帛画。从整体上来看，这幅帛画被分为三个部分：天上、人间和地下，界限分明，是相互关联且秩序井然的宇宙三界。这种关于生死的宇宙观，与云梦地区孕育的楚文化一脉相承。

西汉中期，汉武帝实施了一系列的改革措施，使秦朝开创的中央集权制度得以巩固，汉朝也因此走向鼎盛。云梦大地，这片4000多年前还曾汪洋如海的大湖群，历经沧海桑田，见证了不同人群的碰撞与融合，见证了时代巨变中的个体命运、族群迁徙，也见证了一个统一多民族封建国家的逐步形成。

T形帛画

湖南长沙马王堆1号墓出土

有考古学者认为，T形昌画是一种"铭旌"，是引导墓主灵魂升天的媒介。从整体上看，这幅帛画被分为三个部分：天上、人间和地下。界线分明，形成了一个相互关联且秩序井然的宇宙三界，展现了古人关于生死的宇宙观。

T形帛画
湖南长沙马王堆1号墓出土
1972年长沙马王堆汉墓出土T形帛画中有很多的楚文化的元素,比如人身蛇尾的烛龙,还有弯月、蟾蜍、扶桑树,都与《楚辞》中的神话有关联

滇池经上游的盘龙江汇聚而来,又自螳螂川轻盈而去,在川滇交界处流入金沙江,最终汇入长江,奔腾入海。如果把古滇文化比作是滇池之水,那么中华文化就像是广阔海洋。当滇王尝羌接过汉武帝赐予的那枚"滇王之印"的时候,古滇便开启了融入统一多民族国家的新篇章。

古滇记

古国寻踪

在中国的西南边陲，曾经有过一个名为"滇"的古代王国。在总共1500多字的《史记·西南夷列传》中，司马迁竟用了600字记录古滇国，说它"耕田，有邑聚"，"肥饶数千里"。但奇怪的是，就在司马迁将它载入典籍后不久，古滇国就逐渐隐去了影踪。今天的考古人和历史学者，仍然在为揭开它的层层神秘面纱而不断探寻。

有着"彩云之南"美称的云南大地，镶嵌着一颗"高原明珠"——滇池。是谁最先用"滇"来称呼这一片浩渺水泽，已经无从知晓。但和地球上大多数湖泊一样，作为中国西南地区第一大湖，滇池也是孕育人类文明的理想之所。根据目前的考古发现，数十万年前，滇池附近就有了穴居的古人类。新石器时代，更多的人口汇聚于此，逐渐形成古滇人的早期部落。

古滇王国何时在滇池周边出现，他们的文化形态如何，历史文献中记录很少。不过，志在发现实物证据的考古人，不断有新的收获。

1953年的一天，云南省博物馆来了一位神秘的访客，他带着几件从民间收来的剑、矛、钺等青铜兵器，想请专家鉴定收藏价值。考古人员经过仔细观察，发现他带来的几件青铜器，器形特异，纹饰具有浓郁的少数民族风格，铜绿锈色也有着明显的不同。沿着这一线索，云南省博物馆派人多方打听寻找这些器物的出土之地，直到1954年秋，在当时的昆明市晋宁县（今晋宁区）的一次调查走访中，才喜出望外地确认了文物的出土地点——石寨山。

出土地点明确后，云南省博物馆当即决定在石寨山进行一次试掘。于是，沉睡了两千年的古代文明，蓦然从地下走上聚光灯照亮的舞台，开始展

石寨山遗址

示出它古朴而绚丽的身影。

　　石寨山古墓群是滇文化研究最早发掘的重要遗址。这个南北长500米、东西宽300米，高出地面30多米的小山丘上，清理出墓葬86座，出土文物近5000件，规模之大、规格之高，在古滇考古发掘的遗址中前所未有。

　　考古学家判定，这里是一处战国时期至汉代的古墓群，从出土文物数量来看，属于高等级墓葬。那么它的墓主人到底是谁？考古工作者期待能找到有力证据。

　　1956年11月的一天，石寨山考古队在清理6号墓葬遗物时，发现了一个漆盒。云南省文物考古研究所研究馆员蒋志龙回忆，就在前一天他们还说，如果能够碰到一枚印就好了，结果第二天就出土了。大家都在期待，如此精致的漆盒，里面一定装着非常重要的器物。打开漆盒一看，里面赫然有一枚通体完好如新的蛇钮金印！金印边长2.4厘米，通高2厘米，让考古人员惊喜的是，金印上清晰醒目地刻着4个汉代篆体字——"滇王之印"。

蛇钮金印
石寨山遗址出土

　　滇王金印一出，此前在石寨山墓葬中发现的大量青铜器也找到了主人。《史记·西南夷列传》记载，公元前109年，汉武帝派军队来到滇池一带，滇王尝羌归顺汉朝。汉武帝"赐滇王王印，复长其民"，石寨山遗址出土的金印，为典籍记载的"滇王王印"找到了考古实证。这枚金印的发现，证明石寨山古墓群是战国至汉代滇王及其家族臣仆的墓地。

　　关于古滇国，《史记·西南夷列传》有这样一句记载："滇受王印。滇小邑，最宠焉。"大意是说，汉武帝把金印赐给了滇王，且在当时西南地区的诸多小国当中，滇国是最受宠信的，这充分说明了汉王朝对于滇国的偏爱。

　　公元前138年，张骞率领部属，浩浩荡荡从长安出发，开始了对西域的探索。在漫长的出使过程中，张骞获取了关于西域和中亚的社会、经济、地理交通等大量信息。张骞在大夏（今阿富汗）时，发现当地有产自四川的蜀布、邛竹杖，当地人告诉他，从汉的南方有一条道路可以到达大夏，他回汉以后将此信息汇报给了汉武帝。如果能从西南方打通与域外的联系，这对于汉朝非常重要。于是汉武帝派出使臣前往西南探寻，夜郎国和滇国自此受到汉王朝的关注。

很多人知道夜郎自大的典故，却很少人知道，最先要和汉朝比疆域大小，或者说是比格局大小的，其实是古滇国的国王尝羌。《史记·西南夷列传》中有载，"滇王与汉使者言曰：'汉孰与我大？'及夜郎侯亦然"。也许正是西南地区独特的地理位置、丰富的对外文化交流，使得汉武帝充分认识到经略西南夷的重要性。而环绕滇池的古滇国，自然成为重中之重。

和《史记》一样，《汉书》记载："滇国举降，请置吏入朝，于是以为益州郡，赐滇王王印，复长其民。"由此可见，汉武帝在收服古滇国、保留滇王地位的同时，也把郡县制这种管理制度引入了西南地区。

滇王编钟
石寨山6号墓出土
滇王编钟有一个特殊之处：上面出现了龙的花纹。这意味着在汉武帝接受了滇王的投降并赐给他滇王王印以后，滇王就自动地接受了中原王朝的龙纹象征

走向融合

从汉武帝时期开始，人们就知道，有一条从蜀地成都起始、途经古滇、抵达"身毒国"（今印度）的"蜀身毒道"。通过这条古商道，中国商人用丝绸或邛竹杖换回金、贝、玉石、琥珀、琉璃制品等域外的物品。以至于2000年之后，我们依然能在古滇国出土的文物里，看到文化交流的影子。

出土于石寨山13号墓的鎏金双人盘舞铜扣，是两千多年前古滇人腰带上的装饰。铜扣上的舞者手上拿着两个盘子在舞蹈，形象、造型与本地滇人都不同，鼻梁特别高，眼睛特别凹陷，可能和欧罗巴人种有关系。衣服非常贴身，可能因为比较炎热，穿的是短裤或者短裙。猜测可能是2000年前外国人来到滇国，向滇王、贵族进行表演，被滇人记录在了青铜器上。

蚀花肉红石髓珠，采用化学腐蚀工艺制作而成，这种珠子最早出现在西亚和南亚一带。专家推断，也许它经历长途跋涉，在马帮的行囊中颠簸而来；也许是滇国工匠不远千里万里奔赴域外，学习了这项技术。

在滇池以南的星云湖畔，有一个名为李家山的普通山坡。20世纪60年代，每当大雨过后，一些村民会来到这里，捡拾一些被大雨冲刷出的金属碎片，拿回家当废品卖掉。

起初，这些零散发现的金属碎片并没有引起太多关注，直到后来，这里出现了形态奇异且完整的青铜器，李家山作为一处遗址，正式进入云南考古人员的视野。之后的几十年间，考古人员在李家山发掘和清理墓葬87座，出土青铜器4000余件。其中，出土自24号墓的一件战国时期的青铜器，后来被国家文物局鉴定专家组鉴定为国宝级文物，禁止出国展出。

鎏金双人盘舞铜扣饰
石寨山13号墓出土

蚀花肉红石髓珠
李家山69号墓出土
虽然看上去只是一串玛瑙珠，但其中有两枚是比较特殊的：一枚是中间有发黑痕迹的，另一枚是中间有乳白色的环纹的。红色是天然的色彩，而黑色和白色都是先民人工加工得到的

    这件青铜器就是牛虎铜案，是祭祀用的礼器，表现的是从中原传过来的一种礼仪文化，就是把肉从鼎里面捞起来放到俎上，切块以后吃肉。这件文物的出现提示我们，在战国时期，云南和中原在祭祀礼仪方面已经表现出了高度的一致性。

    在数以万计的古滇青铜器中，有一类在出土时十分引人注目，它们都装有大量海贝。汉字中，凡是跟财富有关的字，大多带有贝字边。早期创字的时候，贝是一种财富的象征，所以海贝属于珍宝。把海贝珍藏起来的器皿，就是滇文化的典型器物"贮贝器"，大致相当于古滇王国时期的"存钱罐"。贮贝器由青铜打造，本身就价值不菲。

    无独有偶，在古滇贮贝器中遗留的贝壳，也来自遥远的异乡。经专家鉴定，其中一种有黄圈的海贝属于"环纹海贝"，产自遥远的印度洋，甚至是太平洋。

古滇记   237

牛虎铜案
李家山古墓群遗址出土

这件铜案高43厘米，长76厘米，宽36厘米，将牛和虎巧妙融为一体。大牛站立，牛头奋力向前伸展，背部自然下落成案的形状，尾部猛虎作爬状，口咬牛尾向后拉扯，大牛腹下站立一只悠然自得的小牛，整体上形成一种平衡的张力。

史料记载和考古研究证实，当时云南大部分地区仍处在以物易物阶段，贝壳货币其实并不通行。出土的贮贝器更多是作为一种礼器，随葬于规格较高的贵族大墓中。这也意味着古滇时期的社会阶层分化已经非常明显。

不同造型的贮贝器，让我们得以窥见两千多年前古滇人社会生活的方方面面。

云南博物馆收藏的杀人祭柱青铜贮贝器上，可以窥见古滇人肉食的丰富。从上面可以看到有很多妇女一排排列坐，她们的篮子里面有鱼、有鸡。另外还有一件屋宇人物祭祀场面扣饰，屋宇房梁上放着猪腿、牛头，下边的建筑里面有牛、有马，这些都是当时滇人重要的肉食来源。

贮贝器

古滇记　239

杀人祭柱场面铜贮贝器
石寨山遗址1号墓出土

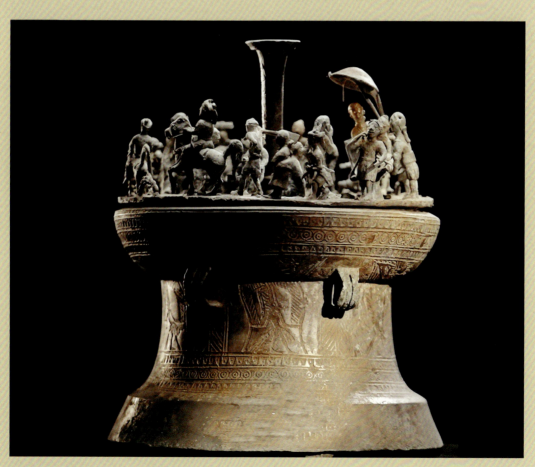

赶集场面铜贮贝器

赶集场面的贮贝器，则反映了古滇国热闹的集市场景。最醒目的是一乘四人抬的轿子，轿上坐着一个通体鎏金的女子，头梳银锭髻，神态严肃，好像是贵妇或首领，表明在当时女性同样可以享受尊贵的地位。轿前有两个骑马男子开道，身后有一人双手持长柄伞为其遮阳，两侧还有侍从跟随，反映了当时古滇社会的尊卑秩序。集市上有扛铲者、背袋者、抱罐者、押布者、顶物者，他们争相推荐自己的商品，而他们面前的人讨价还价，场面十分热闹。

在直径仅仅28.8厘米的器盖上，竟然铸有35个人物形象，布局疏密有致，人物神态不一、形象生动逼真。能够做到这些，离不开非常娴熟的失蜡法铸造。所谓失蜡法，是一种精密熔模铸造青铜器的方法，可以制作出结构复杂的铸件，使熔化的金属完整而忠实地重现蜡模的样貌。两千多年前的古滇人就掌握了如此高超的铸铜技艺，着实令人惊叹。

20世纪50年代以来，考古人员在环滇池的石寨山、李家山、天子庙、羊甫头等地，陆续发掘出土了数以万计的古滇国文物，其中青铜器有15000多件。这些青铜器以艺术的构思和精湛的技艺，把当时社会图景定格下来，如同永不褪色的青铜照片，又仿佛一部无声的青铜史书。

在河南安阳商晚期妇好墓出土的部分青铜器上，曾检测到一种异常的青铜原料，有学者认为这种原料来自云南。这虽然只是一种学术观点，但不无道理，云南自古盛产铜矿，并较早就能够制造青铜器。古滇国的青铜器，更是西南地区的杰出代表。

古滇国的青铜文化主要集中年代是战国中期到秦汉时期。与中原地区的方正厚重和古蜀地区的夸张浪漫不同，古滇青铜器的最大特点，是写实的艺术风。不论是生产劳作、生活娱乐，还是祭祀宴飨、战争征伐等场面，都被古滇工匠像"记事"一样，熔铸在了青铜器之上。

古滇人虽然没有文字，但是他们用青铜铸造了自己的历史。透过贮贝器，我们仿佛走进了神秘的古滇王国，亲历了一幕幕鲜活的生活场景，窥见了最生动的历史。记录不同生活场景的贮贝器，就好像是一张一张的拼图，给我们拼出了一幅热闹鲜活的古滇"清明上河图"。贮贝器上精美的场景，让我们看到了他们的日常饮食荤素搭配，种类丰富；看到了矫健壮硕的牛马，还有欣欣向荣的农业、畜牧业，以及载歌载舞的娱乐活动。

在滇池地区考古发现的青铜器中,各类兵器数量最多,佐证了古滇国的军事实力。史书记载,古滇国的东面是夜郎国,北面是邛都国,这是两个"耕田有邑聚"的部族;而西边的昆明等部族,则属于"随畜迁徙"的游牧部族,骑马善战。他们不断地往滇中地区迁徙,在迁徙的过程中就和滇人发生了比较大的矛盾。

在描绘战争的贮贝器上,被攻击负伤的战败方有一个相同特征,他们都有两条发辫,这是古滇工匠的艺术加工还是真实的存在?《史记·西南夷列传》描述滇人的外貌为"皆魋结",意为将头发在头顶打结成髻,状似击鼓

叠鼓形狩猎场面贮贝器
石寨山遗址71号墓出土

叠鼓形战争场面铜贮贝器
石寨山遗址出土

的圆锤。这与贮贝器上铸造的古滇人物发式完全一致。而对于昆明人,司马迁则描述为"皆辫发",这与贮贝器上祭祀场面中的带枷者、捆绑待杀者,以及战争场面中的负伤倒地者、双手被缚者,有着相同的发型特征——两条发辫。

因此可见,青铜器不但记录下了古滇人生活的和平安定,也记录下了他们保卫族群的斗争。

昆明市晋宁区河泊所遗址,位于滇池东南岸。其中心区往东北1000米,便是"滇王之印"的出土地石寨山遗址。2021年至今,考古人员在河泊所遗址发掘揭露出主体为两汉时期的文化堆积,发现大型道路、建筑基址、灰坑、墓葬、河道、水井等重要遗迹。在这里发掘的一条道路复原的宽度有12米,通过后期勘探,长度在100米以上。道路是由碎石、瓦片铺筑。路面

官印封泥
河泊所遗址出土

私印封泥
河泊所遗址出土

上还发现车马器的残件。从这条路的规模看,应该与官方有关,由此推测,当时益州郡的政治中心,极有可能就在附近。

道路和建筑基址的发现,还只是河泊所遗址的冰山一角,更重要的是,考古人员在这里发现了能够证明汉朝在古滇国设立益州郡的简牍和封泥。古时简牍以绳捆扎,为了防止简牍在传递过程中被人私启窃看,将竹简捆好后用泥封在结绳处,并在泥上加盖印章。这块打上印章的泥团,就是封泥,被人形象地称为"简牍之锁"。这个地方可能是当时官方集中处理简牍的中心,处理的办法可能就是拿到河滩焚烧。简牍烧掉以后,上面的一些封泥因为经过火烧发生陶化,反而幸运地保存下来了。

2018年12月21日,河泊所遗址出土了堪比"滇王之印"的重要文物,那就是滇国相印的封泥。因此可知,汉中央政府在这个地方设立了滇相,这应该是中央政府派驻这一地区的行政长官。小小的封泥,成为西汉时期中央政府对古滇国及其周边地区进行有效管辖的象征。

到2023年2月,河泊所遗址出土简牍的初步清理工作已全部完成,共清理出有字简牍1300多枚,已经认出的文字包括"滇池以亭行""始元四年"等,可以作为反映西汉益州郡行政司法制度的物证;共发现837枚封泥,其中官印封泥有"益州太守章""建伶令印""同劳丞印"等,对应了史书中汉代益州郡管辖下24县当中的20个地名。

"滇池以亭行"简牍
河泊所遗址出土

封泥和简牍的出现,都表明西汉中期以后,中央政府对云南已经实施了非常有效的行政治理。在益州郡稳固以后,中央政权一直向西拓展,疆域也在不断拓宽,到达云南驿一带后,建立了云南县,也就是现在的大理祥云县地区;然后再向西南方向拓展,建立了不韦县,也就是今天的云南省保山市。后者在南方丝绸之路上的地位,相当于北方丝绸之路上的阳关,可谓"南丝路之阳关"。

为了实现对边陲郡县的有效统治,汉朝统治者选择了"移民实边"和"屯田"的方式,将内地人口大量迁至边地,开垦荒地。大量汉族移民人口,除了充实了西南这个边陲之地,还带来了中原地区先进的生产方式和社会治理模式。

从墓葬随葬品里还可以看到水田模型,其中也有沟渠的造型,说明当时汉人带来了一些比较先进的生产技术,对于当地提高农业生产水平和提高粮食产量，应该有很大的帮助。同时，中原地区的铁器开始大量出现在滇池地区，具有显著古滇文化特色的青铜器逐渐被取代。

益州郡设立以后，按照中原王朝的制度进行管理。以滇池为中心的古滇文化，越来越受到中原先进文化的影响，逐步融入中华民族的浩荡洪流之中。

滇池东南岸约3千米的古城村，是一个古朴安静的村落，这里民风淳朴，人们生活安逸祥和。除在村子西北的地藏寺附近有许多螺壳之外，这里和云南的其他村庄并没有太大差别。因为滇池自古盛产螺蛳，这些螺壳并没有引起当地人的注意。

2019年，为配合一个项目的开发建设，云南省文物考古研究所对这里进行了重点勘探，经过对遗址进行的两次考古发掘，人们才得以窥见古城村遗址的真容。

在云南目前已知保存最完整的先滇时期环形贝丘遗址，看似普通的土丘之下，竟然埋藏着一座座螺蛳山。稍加观察就会发现，这里的每一个螺蛳壳尾部，都有敲过的痕迹，这是人吃过螺蛳以后丢下螺壳形成的贝丘遗址。漫山遍野的螺蛳壳，覆盖面积达92800平方米，相当于13个标准足球场大小。不只是面积大，向下发掘，深埋地下的螺蛳壳与灰土层交替堆叠，竟然有6.5米之厚。

古城村贝丘遗址的地层，有如一本记录古滇人生生不息的历史书。通过碳–14测定，古滇人至少在距今3600年的商代开始，已经于滇池周边定居，并创造了属于他们的文明。

贝丘遗址，不只是揭示了古滇人"吃"的秘密，吃剩下的螺蛳壳，对古滇人的"住"也很有帮助。古城村遗址10千米之外的河泊村，被人们称为"建在螺蛳壳上的村庄"，直到现在，这里的人们依然沿用着古滇先民以螺壳夯土砌墙的建筑方式。除了能提高房屋的坚固程度，螺蛳壳还能起到调节温度的作用，让房子达到冬暖夏凉的效果。大量白色的螺蛳壳点缀在土黄色的外墙之上，呈现出一种鲜亮的和谐，土地和湖泊之间，今人和古人之间，仿佛也有了巧妙的联系。

遥想两千多年前的古滇国时期，一个个部落聚居在这些"螺蛳山"里。

贝丘遗址

以螺壳夯土砌墙

人们早起出发，捕鱼虾、捞螺蛳，晚上炊烟袅袅，其乐融融地享用美食，应该是一幅十分温馨、和谐的画面。

古城村遗址作为历史的缩影，为研究古滇文化的起源提供了最新材料。经过多年的考古研究，人们发现，围绕滇池、抚仙湖、星云湖、杞麓湖，也就是"滇中四湖"地区，大大小小分布着一百多个贝丘遗址，印证了古滇人生活的核心地带，就是在滇中四湖地区。

后来写入史书的古滇国，也正是从这里肇始。司马迁在《西南夷列传》中记载，战国时期，楚王曾派一个叫庄蹻的人率兵开拓西南夷，庄蹻到达滇池地区，收服了当地的古滇部族，带来了一些规章制度。后来，因为秦军阻断了回楚的道路，庄蹻索性就地称王，可以说，他就是第一代滇王。

历史深处的古滇文明，给我们留下了惊鸿掠影。每一次的考古发掘，都是一次重返历史现场的回望之旅；每一铲泥土下的钻探，都可见人类文明的积淀；每一浪翻滚而来的波涛，都仿佛文化与时代之间的回响。历史上的昆明人和滇人，纠缠了几百年的时间，但是两千多年以后，云南世居的26个民族，已经成为一个和谐共处的大家庭。而这片土地上的先民所创造的灿烂文明，作为中华文明的重要组成部分，它也在绵延着自己的故事。